L'alimentation sous le regard de la technique

Réflexions sur des enjeux fondamentaux

L'alimentation sous le regard de la technique

Réflexions sur des enjeux fondamentaux

Gilles Penna

ISBN 978-2-9579197-2-7
G.P Éditions
Nice 2022
Dépôt Légal - Décembre 2022
© 2022, Gilles Penna

Je tiens à exprimer ma gratitude et mon amour envers mon épouse et mes enfants ainsi que mes parents pour leur patience, leur écoute, leur présence et leur soutient, pour leur aide et leur amour qui me sont si chères.

Je tiens aussi à remercier tous les partenaires de conversation dont je connais le nom et aussi ceux qui préfèrent garder l'anonymat.

À ma grand-mère

Table

Avant-Propos	15
La technique	23
• *Qu'est-ce que le terme technique signifie et regroupe ?*	25
• *1.1 Alimentation et technique*	47
• *1.2 Marketing alimentaire et réalité qualitative. À qui profite le crime ?*	97
Politique et Santé	
Plaidoyer pour une éducation alimentaire	123
• *2.1 Politique de santé*	125
• *2.2 Pour une pédagogie de la terre*	167
Médecine et Santé	173
• *3.1 La longue chute du système de santé*	175
• *3.2 Perspectives...*	183
• *3.3 Quelle médecine pour demain ?*	205

Agriculture — 227

- *4.1 Quelle agriculture pour demain ?* — 229
- *4.2 L'eau comme élément clé de la disponibilité* — 247
- *4.3 La disparition des abeilles...* — 261
- *4.4 Réflexion sur la permaculture et l'agriculture naturelle* — 269
- *4.5 Réflexion sur la souveraineté alimentaire* — 281

Conclusion — 289

Bibliographie — 297

Avant-Propos

Avant-Propos

Avant-Propos

La société dans laquelle nous vivons est-elle régie par des codes ? Ceux-ci étant si subtilement ancrés dans notre système de fonctionnement, que nous ne pouvons en percevoir les mécanismes physique et intellectuel ?

C'est ce que j'ai souhaité développer dans cet ouvrage, après avoir longuement étudié la question de la technique. Mais qu'est-ce que la technique me direz-vous ? La technique est l'ensemble des articulations méthodologique et physique que nous pouvons reconnaître comme ce qui domine le système sociétal dans lequel nous vivons depuis des siècles. Ce qui articule notre société et donc l'ensemble des secteurs d'activités de celle-ci. C'est pourquoi j'ai souhaité creuser sur l'implication que la technique peut avoir dans l'alimentation, au sens large de ce que celle-ci représente. Après rééquilibrage alimentaire, ce livre peut être considéré comme un complément, pour approfondir et comprendre les enjeux que la technique a sur le système alimentaire et sanitaire. Pour cela je me suis accompagné de lectures, comme celle d'un expert en la matière que fut Jacques Ellul, mais aussi d'autres comme Lucien Sfez ou Masanobu Fukuoka.

Cette réflexion comme je le disais est arrivée peu de temps après avoir publié « Rééquilibrage Alimentaire », comprendre qui nous sommes était une première étape,

Avant-Propos

comprendre ce qui nous entoure, et en particulier le système dans lequel nous vivons, l'influence que cela peut avoir sur notre comportement mais aussi dans les décisions politiques qui vont accentuer toute la marche d'un peuple, est devenu pour moi une question indispensable pour approfondir le précédent ouvrage.

La question de la technique est un sujet qui m'intéresse depuis quelques années, en particulier depuis l'arrivée des smartphones, qui a été selon moi, un véritable bouleversement dans notre société autant sur le mode de production de ces objets, que sur le comportement humain en rapport à ces objets. Bien entendu cela n'a pas commencé à partir du smartphone, les ordinateurs en leur temps représentaient déjà une véritable révolution, mais je dois reconnaître que le rapport aux smartphones a considérablement contribué dans un changement comportemental propre au 21e siècle. Plus récemment, nous avons pu voir ce que l'influence de la technologie et son côté miraculeux a pu avoir autant sur les gouvernants, que sur la population, notamment avec l'avènement des vaccins à ARN messagé (ARNm) qui existaient depuis une vingtaine d'années, mais qui soudain sont devenus des objets miraculeux et où tout doute envers cela représentait non seulement une menace pour le Progrès, mais aussi une

Avant-Propos

menace pour la stabilité mentale des plus fervents adorateurs de la technologie. Ces questions nous les avons discutées, commentées, analysées pendant près de 3 ans dans les groupes de spécialistes en sciences humaines et sociales et je dois dire que c'est principalement grâce à mon ami Yves Darcourt Léza que j'ai pu découvrir et amplifier mes connaissances avec des autres comme Ellul, Simondon ou encore Sfez avec qui il a travaillé dans les années 80.

Cet ouvrage, comme le précédent n'impose pas une pensée, bien que cette fois-ci mon propos se veut donc un peu plus philosophique, je ne me considère pas comme tel. Mon but est ici d'introduire une réflexion collective sur une notion que je jugerai un peu complexe, car la question de la technique n'a rien de simple. Nous voilà baignant dans une mer où la complexité des systèmes a été tellement découpé, que nous n'avons même pas conscience de savoir si nous sommes en train de flotter ou de couler dans cet environnement. Voilà pourquoi, je pense que mener une réflexion sur le système technique doit être d'utilité publique, puisque si nous en croyons les experts dans ce domaine la tendance sera de plus en plus dans ce sens dans les années à venir. Sommes-nous prêts à cela ? Pouvons-nous continuer à nous trouver dans cette mer sans savoir nager ? Au-delà de ça, quel rapport avons-nous à la technique ? Certains y vouent un culte, d'autres voudraient la voir disparaître, existe-t-il un juste milieu ? Vous comprendrez donc que devant autant de passion, cela ne pouvait qu'éveiller mon intérêt en tant que psychanalyste.

Loin d'être aussi talentueux que Jacques Ellul, que Gilbert Simondon, Lucien Sfez ou encore Michel Maffessoli, j'apporte ici ma modeste contribution sur ce qui me semble être un point crucial pour comprendre les enjeux, en tous les cas en ce qui concerne notre alimentation et donc l'un de nos premiers besoins vitaux.

Dans le même intérêt que dans mon précédent ouvrage, mon but est d'être au plus juste dans mes réflexions. Les figures qui m'ont inspiré pour cet ouvrage ne sont jamais citées dans les sphères médiatiques, elles l'ont été à une époque mais ne le sont plus désormais, pourtant leur vision des choses était quasi prophétique de ce que nous vivons aujourd'hui. Comme si, ce que nous pourrions aujourd'hui qualifier de lanceurs d'alertes, en ce qui concerne les enjeux de la technique, sont effacés du paysage médiatique, mais aussi intellectuel, afin que le grand public ne se rende pas compte que l'alerte a été lancée depuis plus 50 ans. Dans mon précédent ouvrage j'avais pour inspiration, même s'ils sont décriés par le système médiatique et politique, des personnages de premier plan comme Didier Raoult et Louis Fouché. Nous pouvons d'ailleurs nous poser la question de pourquoi sont-ils à ce point critiqué ? Peut-être parce qu'ils soulèvent des sujets de fond et apportent une analyse et une critique du système technique. Il faut bien comprendre qu'aujourd'hui comme hier pour Ellul apporter une critique de la technique est considéré comme un danger pour le Progrès et en particulier pour le système que les états ont décidé de suivre. Rappelons au passage que le premier ouvrage de Jacques Ellul sur la technique a été plusieurs fois refusé par les maisons d'éditions bien que professeur d'université à la Sorbonne, la condition était à l'époque de censurer des passages ce qu'il refusa fort heureusement et ce fût une petite maison d'édition qui eut le courage de le publier. Cette aventure, me conforte dans l'idée de rester dans l'auto-édition et de proposer cet ouvrage de cette manière. Pour continuer dans les personnes qui m'ont inspiré, il y a des penseurs tel que Gustave Le Bon, Lanza del Vasto et Ivan Illich. Tous ont cette particularité d'avoir à un moment su pointer du doigt le système qui était en train de se mettre en place et chacun à leur époque ont parfaitement décrit la société dans laquelle nous vivons aujourd'hui. Voilà pourquoi j'ai beaucoup d'admiration et

Avant-Propos

de reconnaissance pour ces visionnaires qui ont contribué à ma réflexion pour le présent ouvrage.

L'alimentation est pour moi un sujet important et c'est à travers les réflexions qui m'animent que je souhaite partager et faire évoluer les mentalités. Quand on parle d'alimentation cela ne se limite pas à ce qu'il y a dans notre assiette, mais aussi et surtout ce qu'il y a dans notre tête. Les sujets qui en découlent sont nombreux voilà pourquoi j'ai fait le choix d'en choisir certains qui selon moi sont ceux qui méritent une attention particulière puisqu'ils sont intimement liés dans ce que « demain » sera fait.

La technique

La technique

Qu'est-ce que le terme technique signifie et regroupe ?

Depuis la parution de mon premier ouvrage « Rééquilibrage Alimentaire », de nombreux points que je n'avais pas abordé ou simplement survolés ont ressurgi. Ces points méritent d'être développés pour approfondir notre réflexion sur l'alimentation. Pour cela j'ai voulu aborder comme introduction un point de vue qui est de l'ordre de la philosophie et aussi de la sociologie. C'est pourquoi nous allons, dans ce qui suit articuler notre réflexion autour de « la technique ».

Notre alimentation est-elle le reflet de la société dans laquelle nous vivons ? Ou plutôt, dirais-je, du modèle de société que nous avons adoptés depuis plusieurs décennies (voir siècles) ? Le thème de « la technique » fait, plus que jamais, partie de ce monde moderne et il est intéressant de

La technique

voir quels liens, l'alimentation a, avec cette « technique » qui nous entoure et guide de plus en plus nos vies.

Pour aborder la technique nous allons avoir besoin de définir ce qu'elle est, car c'est ainsi que je procède. Nous ne pouvons pas aborder un thème sans essayer de le comprendre dans sa définition. Nous verrons ensuite quelle a été son évolution dans le temps, puis enfin nous verrons les liens que la technique peut avoir avec l'alimentation (et ils sont nombreux).

I

Pour définir ce qu'est la technique, difficile de prendre un dictionnaire pour seule définition, elle y est beaucoup trop sommaire et pour cela bien que le sujet soit hautement développé en philosophie, nous avons besoin de nous appuyer sur plusieurs auteurs qu'ils soient philosophes ou pas. Selon moi, le but dans la philosophie n'est pas de prendre une définition comme seule et unique, mais d'explorer plusieurs points de vue qui bien souvent finissent pas converger.

« *Tout ce qui monte, converge inévitablement* »
Pierre Theillard de Chardin

La technique

Comme dans l'ouvrage « Rééquilibrage alimentaire », nous avions pour objectif de faire notre propre philosophie de l'alimentation et de ce que la technique peut avoir en lien avec cela, j'évite tout diktat de pensée par mes écrits, cela dit comme il est quasiment impossible d'avoir une objectivité pure, il est fortement probable que mon avis vienne à vous influencer, ce à quoi je vous invite, non pas, à le prendre pour argent comptant, mais comme un élément de plus pour faire ou affiner votre réflexion.

Commençons par une question centrale que l'on retrouve chez des philosophes comme Platon : La technique est-elle « un geste de transgression du sacré » ?

Si nous abordons la technique par son caractère mythologique, nous pouvons prendre comme exemple le mythe de Prométhée. Dans la mythologie Prométhée un titan, est allé voler le feu aux dieux Héphaïstos et Athéna, pour le donner aux hommes. Plusieurs interprétations peuvent en être déduites. La première, toujours dans la mythologie grecque, est celle de dire que cela marque le passage de l'âge d'or à l'âge de fer, où l'homme va connaître les soucis par cette sorte péché originel. Notons cependant, qu'au regard de l'histoire, l'âge de fer est une ère précise et que pour éviter toute incohérence dans notre compréhension ce n'est pas la maîtrise du feu qui créer l'âge de fer historique, qui va donc créer l'élaboration du fer et que ce n'est certainement pas, non plus le début de la technique. Pour les philosophes grecques les âges sont souvent des références mythologiques, c'est pourquoi il était important de présenter cet aspect des choses pour éviter toute confusion. Pour mettre tout le monde d'accord, nous pouvons dire que autant sur un plan mythologique, que historique le début de la technique pourrait se trouver a une date antérieure, au moment où l'homme a pris conscience que les éléments qui l'entouraient pouvaient avoir une autre fonction que celle que la nature donnait.

Pour les philosophes, le mythe de Prométhée est une allégorie de l'intelligence humaine qui gagne la capacité de faire, de créer. L'homme crée ainsi le monde et ses croyances, il façonne les outils pour le créer qu'ils soient physiques ou mentaux.

Ce qu'il faut retenir et pour terminer avec le mythe de Prométhée, c'est que par son acte il paye de sa personne, car le feu et sa technique avaient certes été données aux hommes, mais son geste reste une offense aux dieux, ce qui

La technique

lui a valu d'être puni par le châtiment de se faire éternellement dévorer le foie par un aigle. La morale de cette histoire était que : transgresser ce qui avait un caractère sacré pouvait être condamné (toute ressemblance avec des expérimentations modernes serait purement fortuite.) Mais en même temps, c'est aussi une allégorie pour exprimer l'émancipation de l'homme sur le mystère, c'est une façon de montrer l'évolution de l'humain qui apprend à maîtriser les éléments qui l'entoure tout en devant respecter une part de sacré.

Ce qui peut aussi nous amener à trouver une interprétation de ce qui est sacré. Dans cette histoire légendaire, le sacré est présenté comme quelque chose issu du divin, cela implique une part de mystère , d'inconnu, une notion de magie, d'interdit qui vient à être révélée et maîtrisée. Cette maîtrise vient-elle désacraliser la transgression d'un interdit ? Enlève-t-elle sa pureté à l'objet ou la méthode qui vient à être maîtrisée ? Dans la bible par exemple nous avons aussi une transgression de l'interdit et de la pureté créée par Dieu, par le fait d'avoir mangé le fruit de l'arbre divin et défendu. Adam et Eve transgressent le sacré, se voient chassés du jardin d'Éden, même conséquence que pour Prométhée et son acte de transgression. L'homme semble s'être posé des limites dans ce qui pouvait être transgressé, comme un avertissement pour les générations futures, de prendre garde à ce qui a un caractère sacré. Car cette notion du sacré n'est pas seulement mythologique. Que peut représenter ce qui est sacré dans nos vies ? Que peut-on trouver de sacré aujourd'hui autour de nous ? Existe-t-il du sacré en nous ? C'est tout ce qui fait le débat sur l'éthique depuis des années et que nous avons encore vu récemment avec des lois sur la bioéthique. Les récentes lois par exemple imposent un questionnement sur jusqu'où la science et la technique peuvent s'immiscer dans la reproduction, dans la modification génétique de l'humain. Peut-être que ce qui est sacré en nous c'est ce que nous avons de plus intime et de plus personnel, comme notre code génétique.

Pour revenir à notre exemple précédent, savoir faire du feu reste une technique. Le feu pouvait avoir un caractère sacré parce que sa découverte originelle avait une apparence mystique, jusqu'à ce que l'homme sache le reproduire par une méthode, comme il en a créé d'autres avant. Et c'est là que nous devons mettre l'accent sur le fait que la technique a toujours existé chez l'homme et comme je l'ai noté plus haut à partir du moment où il a pris conscience qu'il pouvait utiliser ce qui l'entoure vers une autre destination autre que sa nature propre. C'est pourquoi nous pouvons distinguer et qualifier les techniques dans l'évolution humaine. Nous pouvons distinguer la technique primitive et la technique moderne (que nous aborderons plus). La technique primitive consiste en l'élaboration d'un outil ou d'une méthode sans pour autant avoir une explication scientifique à celle-ci et la méthode pour faire du feu en est un parfait exemple. Elle a été utilisée par les hommes pendant des siècles jusqu'à l'ère moderne, mais toujours avec un caractère un peu sacré comme nous venons de l'aborder. En effet, l'outil technique ne devait jamais surpasser la main de l'homme, il devait avoir une fonction ponctuelle pour respecter une forme de sacralité de l'être et parfois aussi du phénomène qui en résultait. L'autre point important de la technique primitive, c'est qu'elle n'a pas besoin d'une évolution rapide et par cela, elle rentre dans une logique où les groupes humains se stabilisent et utilisent la technique comme des outils ponctuels. Le but étant de toujours de favoriser l'humain à l'outil.

Par la perfection d'assemblage de la matière pour constituer un être, une plante, un élément, le corps humain et tout le monde du vivant ont une part importante de sacré. C'est la pureté de cet assemblage de matière créant la vie qui est sacré. Déconstruire, modifier ou augmenter artificiellement c'est une transgression qui a toujours des conséquences.

La technique

Les deux histoires autant celle de Prométhée que celle du jardin d'Éden, nous expliquent que le sacré a une valeur et que transgresser ces valeurs implique donc des conséquences.

II

Poursuivons notre explication, notre définition de la technique avec d'autres définitions philosophiques. Pour Aristote, cela commence avec l'utilisation de la main. L'homme se distingue de l'animal, car il a la capacité d'utiliser ses mains. Sa main qui est son premier outil, va lui permettre de fabriquer et de créer des outils, un peu dans le même esprit de ce que nous avons défini avec « la technique primitive ». Mais peut-on parler uniquement de ce qui est matériel dans la technique. Pour Henri Bergson c'est justement ce qui fait la particularité de l'homme qui est bien plus qu'un animal raisonnable, c'est un animal qui fabrique et crée une méthode. Nous pouvons donc prolonger la pensée d'Aristote en disant que l'homme fabrique, élabore la technique à travers ses mains et la conçoit par sa pensée et dans une longue période de l'histoire, sans pouvoir forcément l'expliquer scientifiquement.

La technique

Aujourd'hui c'est celui que l'on nomme à juste titre « ingénieur » qui est celui qui utilise son savoir pour créer la technique. Abordons le terme ingénieur au sens étymologique « ingenium » avec la racine « in » qui signifie « dans » et « gigno » qui veut dire « naître ». Celui qui fait naître, émergé, celui qui fait l'inné. Avec aussi la consonance du génie, de celui chez qui, il existe une forme de magie conceptrice ou encore de don inné. Ce terme doit réellement être pris à son sens étymologique et pas à sa forme contemporaine à travers le métier industriel qu'il représente, car aujourd'hui l'ingénieur pour garder ce titre doit pouvoir expliquer, voir prouver scientifiquement la nature de son invention. Mais l'ingénieur (moderne) en usine reste-t-il un ingénieur au sens étymologique du terme ? La question reste ouverte. Cependant nous pouvons voir le caractère actuel que prend le métier d'ingénieur, qui ne conçois plus de A à Z, n'a pas une vision globale de ce qu'il élabore. Il est aujourd'hui cantonné dans une tâche précise où son but est par exemple de concevoir une pièce qui devra s'adapter avec d'autres, mais pour autant il n'a ni un pouvoir concepteur sur la pièce en amont, ni un pouvoir concepteur sur la pièce en aval. Il est rentré dans ce que nous aborderons plus tard, une technicisation de la tâche.

La technique

Celui qui crée avec ses mains, conçoit un outil, fait naître une méthode à travers sa pensée, contribue à l'avancement de la technique. Le laborantin qui va combiner plusieurs molécules pour créer un médicament est autant un ingénieur que celui qui crée une machine pour remplacer l'homme et au même titre que le psychologue qui conçoit une méthode pour arrêter de fumer.

La technique a permis de faire avancer l'homme et la société, elle est en quelque sorte la source du progrès au sens sociologique du terme, mais elle va vite présenter des inconvénients. Dans l'histoire contemporaine, Marx par exemple n'a pas clairement pris le parti de critiquer l'outil technique, croyant naïvement à l'époque qu'il serait libérateur pour le travailleur. Il a préféré s'en prendre à ceux qui utilisaient la technique pour en faire un combat de libération prolétarienne et il n'avait pas tout à fait tort, car ce qui pouvait être des outils universels sont devenus la propriété de quelques bourgeois pour en tirer un profit. Puis ce qui était sans doute vrai à une époque ne l'ait pas forcément à une époque plus moderne. Certes l'avènement de la technique industrielle que nous pouvons aussi qualifier de technique moderne, avait pour ambition de libérer l'homme et rendons à Marx ce qui est à Marx, il disait de la machine, qu'à terme, elle priverait l'homme de son emploi et nous pouvons le constater aujourd'hui avec la robotisation sur les chaînes de montages ou encore par l'omniprésence des ordinateurs qui ont remplacé les calculateurs.

Ce n'est d'ailleurs pas le seul à avoir abordé cette critique de la machine et à travers elle de la technique. Nous pouvons prendre pour exemple Lanza del Vasto, philosophe, compagnon de route de Gandhi, fondateur de la communauté de l'Arche, qui dans son ouvrage « le retour aux sources » avait fait un texte assez prophétique sur la machine. Dans celui-ci il développait l'idée que la machine remplacerait l'homme et que l'homme deviendrait une sorte de machine sur sa chaîne de montage. Où est donc la place à l'accomplissement de soi dans cette course effrénée à la technique ? Quand l'artisan ou l'agriculteur pouvait s'accomplir et œuvrer à travers son travail, la machine vient déshumaniser et créer une forme d'esclavage que l'on dit moderne. Pour del Vasto le prolétariat était la nouvelle forme d'esclavage.

III

Comme je l'ai dit précédemment la technique présente des avantages et des inconvénients, l'important est peut-être de trouver une technique à la technique, pour faire en sorte de trouver un juste milieu. Le terme du milieu manque pour définir celui qui se veut bienveillant envers l'innovation tout en restant dans la mesure et faisant confiance à l'expérience de la nature.

Selon Heidegger la technique va, au-delà de la fabrication, elle est aussi « la façon dont l'homme à de se tenir dans le monde, de se rapporter à ce qui l'entoure, de se représenter le réel, de considérer les choses, de les dévoiler. » Ce qui peut laisser entendre que la technique est aussi un outil de gestion des structures sociales, environnementales et aussi des rapports humains, nous l'avons un peu abordé avec l'exemple de l'ingénieur moderne. C'est d'ailleurs de cette manière que la politique est aujourd'hui utilisée pour gérer un pays, un territoire et bientôt des localités. Ce que Heidegger souligne c'est la dérive que présente la technique chez l'homme.

Celui-ci fini par devenir un objet, lorsqu'il fait partie de cette gestion, il devient une donnée et perds son humanité. Dans un système où la technique règne l'homme est réduit à l'état « d'être disponible », un exécutant qui ne doit plus se poser de questions. Il se détache de la nature, la sommant de se plier à ses besoins, il se détache ainsi du réel, de ce qui fait une société, une civilisation, un imaginaire pour devenir un objet. Et la suite nous la connaissons sous la forme du transhumanisme, quand l'objet qu'est devenu l'homme doit lutter contre sa nature en augmentant ses capacités physiques et mentales par la technique. Ce que cette gestion fait sur l'homme, elle veut le transposer aux autres domaines que sont l'environnement, la médecine, la science, la politique, etc.

Nous le voyons de plus en plus aujourd'hui, l'homme a cédé sa place à la technique, le discours sous-jacent est que cela lui évite de commettre des erreurs. On automatise donc les réponses à des problèmes en généralisant la solution, ce qui fait que l'humain s'efface, que son individualité s'efface que cela soit dans sa relation à l'autre, dans le discernement par rapport à une situation, dans sa façon de réfléchir et d'aborder le symptôme notamment dans la santé. La machine ne commet pas d'erreurs, car elle est calibrée pour ne pas en créer, elle n'apprend rien et c'est pourquoi on nous propose aujourd'hui l'intelligence artificielle, basée sur des programmes algorithmiques qui vont adapter la réponse en fonction de la demande. Le problème de l'IA c'est que l'on peut très bien le faire tourner en rond dans sa réponse, cela ne remplacera, pas pour l'instant, la relation humaine, qui est basé sur l'erreur et sur l'apprentissage, mais aussi sous une forme d'inconnue créative comme nous l'avons vu avec l'exemple de la technique primitive. Dans la technique politique c'est exactement le même mécanisme, on anticipe la réponse sociale par la mesure, on segmente sans avoir de vision globale, on ne considère plus la vie humaine que comme une donnée qui doit rentrer dans programme de calculs mathématiques.

Le but de cette réflexion n'est ni d'être dans un rejet de la technique ni d'être dans la vision de celle-ci comme LA seule solution. Nous devons trouver le juste milieu au sens Aristotélique entre celui que nous pourrions qualifier de technophobe qui refuse la technique et le transhumaniste qui souhaite la victoire de la technique sur l'homme. Ce juste milieu est celui de la raison technique qui se situe entre : ne pas oublier ce qui a fait son expérience dans le temps et ce qui promet beaucoup, mais demande justement du temps pour créer cette expérience. Nous ne pouvons rejeter ni l'un ni l'autre, mais nous ne pouvons pas non plus nous plonger totalement dans une de ces deux formes extrêmes. Et c'est pourquoi nous pouvons qualifier ce juste équilibre de techno-raisonné ou techno-raisonnable ou encore de techno-équilibre.

IV

La technique s'est, peu à peu, immiscée dans les comportements humains. Nous voyons aujourd'hui ce résultat par une technicisation de la tâche... Elle ne se limite donc plus seulement à une méthode ou même une machine, elle gère les comportements humains jusqu'à déshumaniser. Pourquoi déshumaniser ? Quand on se cache derrière la technicisation, on évite de rendre la tâche trop humaine, on minimise l'impact en amont et aval. C'est ainsi que le producteur de fruit et légumes n'a plus de lien avec le consommateur, ni même avec la sublimation de son produit ni même un contact avec la graine qui va faire son légume. Il achète soit des graines qui sont sélectionnées par une entreprise ayant déposé des brevets sur celles-ci, soit il achètera des plans à un producteur de plan qui lui-même subit le même cantonnement technique.

En y regardant de plus près, nous pouvons constater que c'est notre société entière qui est maintenant conditionnée dans cette technicisation. Celle-ci permet certes une productivité intéressante, mais elle efface peu à peu l'humain. Le fait de compartimenter les étapes de production réduit l'échelle de responsabilité. Nous avons certes une traçabilité qui permet de remonter la chaîne de production, mais quand bien même, un problème vient à être isolé dans la chaîne, la responsabilité reste minimisée, car le problème est souvent dû à une autre chaîne de production qui elle-même comprend d'autres chaînes. Nous sommes dans un système où tout a été fait pour isoler l'humain dans sa tâche, où on ne lui demande pas de s'intéresser aux autres maillons de la chaîne, tel un robot conçu pour une seule et même tâche.

V

Pour comprendre cette déshumanisation, nous pouvons nous appuyer sur les travaux de Jacques Ellul. Dans son livre « la technique ou l'enjeu du siècle » Ellul donne une très longue et assez complète définition de ce que représente la technique. Il explique que la technique pour évoluer a besoin d'une « plasticité sociale ». Cela se traduit par ce que nous pouvons reconnaître comme des groupes sociaux, que sont par exemple l'école, les hôpitaux, les villages, les paysans ou la famille, qui doivent être diviser, éclater, pour isolés les individus.

La technique

Quand les individus sont isolés, ils sont beaucoup plus malléables pour accomplir un projet technique. C'est ainsi que la grande révolution industrielle du XIXe siècle a pu exister. Pourquoi ? Les groupes sociaux dont nous avons parlé plus haut, auxquels ils appartenaient représentaient une forme de stabilité. Là où on atteint une stabilité, la technique ne peut pas évoluer, pour la simple raison que nous n'en avons pas besoin. La stabilité est en quelque sorte l'antithèse du progrès technique. En cassant ces groupes sociaux, ne donnant plus d'intérêt au travail dans les champs, aux micro-structures comme l'école, les villages ou même la famille, les êtres sont devenus disponibles pour accomplir le grand rêve bourgeois et nous en revenons à ce que Marx et Del Vasto disaient, qui était d'utiliser la technique pour en tirer un profit. Une forme d'esclavage moderne, car c'est bien le même fonctionnement que pour l'esclavage que nous pouvions retrouver en Égypte, en Grèce ou dans la Rome antique. Une minorité qui retire un profit du travail de la masse soumise à des conditions de travail déshumanisé pour un maximum de productivité. La technique moderne n'est pas arrivée comme par magie, elle prend naissance du fruit de la longue évolution technique primitive, c'est la multitude de petites découvertes tout au long des siècles qui ont permis de donner une industrialisation de la technique, par une vision de rentabilité de l'outil par les bourgeois. La différence entre technique primitive et technique moderne est philosophique, là où on utilisait l'outil avec une maîtrise sur lui et de manière ponctuelle, la version moderne surpasse l'humain et le guide.

Au Moyen Âge l'outil était considéré comme un objet ponctuel et que l'on pouvait utiliser jusqu'au bout de sa limite, la philosophie de cette époque voulait que ce soit l'homme qui donne un tour de main en utilisant l'outil. Probablement que l'outil a évolué au fil du temps que l'homme l'a utilisé. Dans la philosophie moderne, ce n'est plus le tour de main qui compte mais l'efficacité de l'outil qui peut à tout moment être encore plus efficace que l'homme ne pourrait l'être, mais c'est dans cette même philosophie que le transhumanisme veut mettre l'homme au même niveau que l'outil en le rendant mécaniquement plus efficace.

Le but de la technique moderne, c'est de sortir l'innovation le plus rapidement et le plus fréquemment possible, ainsi nous n'avons pas le temps de nous stabiliser, de maîtriser l'objet qui au bout de quelque mois, semaines devient obsolète, pour le plus grand bonheur de ceux qui en tirent un profit. Dans ce mouvement progressiste la stabilité ne peut pas exister. C'est pourquoi, l'utilisation de la technique à grande échelle, comme les industries, a eu et a encore besoin de faire comprendre aux individus qu'ils sont isolés, que les modèles de stabilité seraient la mort de l'industrie et du progrès et peut-être bien leur mort à eux, puisque cela représente leur mode de vie. Car, bien que la révolution industrielle ait pu séparer les peuples de leur condition, de leurs groupes sociaux originels, par la force des choses, l'humain a besoin de l'humain et c'est ainsi que d'autres groupes sociaux sont nés dans les mines, dans les villages usines et qu'ils ont à nouveau été séparés par les délocalisations, les plans de restructurations ou par des machines qu'ils ont eux-mêmes créées pour être remplacés.

Nous sommes plongés dans un modèle de société où la consommation, la quête du confort fait que ce n'est jamais assez. Votre confort peut toujours être un peu plus améliorer, ceci autour d'un matérialisme exacerbé autour de l'objet technique. Comme l'objet technique se renouvelle tous les X semaines ou mois, être à la pointe du confort demande d'avoir les moyens de l'obtenir. Nous voilà donc embarquer dans une boucle où penser à une forme de stabilité dans un groupe social devient le dernier de nos soucis, bien qu'instinctivement c'est ce que nous cherchons.

Devant ce fameux instinct à chercher la stabilité en créant des groupes sociaux, il existe cependant un dernier obstacle à la technique moderne, qui est l'individu. À partir du moment où l'individu bien qu'il soit isolé peut encore penser librement, il aura naturellement tendance à vouloir créer une structure stable en utilisant bien souvent des techniques primitives comme nous l'avons décrit plus haut. La dernière pièce de résistance qu'est l'individu ne peut, elle, se diviser, que mentalement. La technique s'étant accaparée la science pour expliquer et exprimer sa supériorité, a en horreur la libre pensée. C'est pourquoi, nous pouvons voir dans une volonté philosophique et politique ce besoin de fracturer l'esprit humain, afin de lui faire comprendre qu'il n'est plus capable par lui-même d'avoir une pensée claire, s'il n'utilise pas la techno-science.

Le but de ce traité n'est pas de rendre les choses plus complexes qu'elles ne le sont déjà, c'est pourquoi tout au long de ma description j'ai essayé d'être le plus accessible pour expliquer ce que représente la technique et ce qu'elle regroupe. Nous avons, je pense les bases pour comprendre les enjeux autour des thèmes que j'aborde dans ce qui suit.

Nous savons à présent que nous vivons dans un monde de « technique » que cela soit à travers la machine, la méthode ou l'approche comportementale et sociétale. Nous savons aussi que tout dépend de la philosophie dans laquelle nous nous plaçons pour donner un sens à la technique. C'est pourquoi j'ai vulgarisé technique primitive et technique moderne. La technique primitive est ce qui a forgé notre histoire, mais que nous n'avons pas connu en tant que « modernes ». Nous vivons certes dans une société de la technique moderne et comme je l'ai dit, nous cherchons en tant qu'humains une stabilité, ce qui est incompatible avec le progrès.

Tout dépend si nous nous voyons comme des conquérants ou comme des contemplatifs. Dans une philosophie conquérante nous avons besoin de la technique moderne, car conquérir demande aujourd'hui non seulement de l'énergie, mais une technologie de pointe qui demande précision et rapidité. Ce que nous ne pouvons atteindre avec la technique primitive qu'en plusieurs siècles. Si nous nous positionnons en contemplatifs, la technique moderne n'a aucun intérêt pour nous. Puisque notre but, n'est pas le mouvement pour conquérir, mais d'atteindre une forme de stabilité en créant des structures humaines rassurantes et émancipatrices. La technologie de pointe n'a alors aucune importance puisque le but est d'utiliser des techniques éprouvées et de s'améliorer en tant qu'humain et entre humains.

Lutter contre la technique demande de la combattre avec la technique et c'est un combat quasiment perdu d'avance, puisque la marche dans laquelle nous sommes continuera d'avancer dans le progrès technique, tant que celui-ci ne connaîtra pas la perfection. Tant que l'humain ne prendra pas conscience qu'il est imparfait, qu'il est inutile d'atteindre la perfection, la technique moderne continuera son chemin. Tout notre intérêt est de comprendre les enjeux de la technique et comme je l'ai dit un peu plus haut, de trouver le juste milieu entre la « technophobie » et le transhumanisme. Parce que la technique fait partie de notre être, nous avons pour mission de trouver un sens à son utilisation pour ne pas tomber dans une dérive contre-nature qu'on soit pour ou contre.

La technique

1.1 Alimentation et technique

L'alimentation moderne est-elle une alimentation technique ?

L'alimentation dans sa globalité

Quand on parle d'alimentation, nous devons prendre en compte que cela ne se limite pas seulement à la façon de nous nourrir. L'alimentation doit être abordée dans sa globalité, c'est-à-dire de son mode de production à son mode de consommation. Est-ce que la façon de sélectionner les graines fait partie de l'alimentation ? Si la conséquence est d'apporter une solution nutritive, nous pouvons affirmer que la graine fait partie de l'alimentation. Si nous ne percevons cette étape que comme un événement isolé dans une chaîne technique nous minimisons la

La technique

conséquence et dans cette logique le résultat nutritif ne nous intéresse pas. Ce qui compte dans le système technique c'est que l'étape d'après soit efficace, la graine doit germer et le travail est accompli. Pour autant c'est une chaîne assez longue qui se profile entre la sélection et la consommation finale. En ayant un regard global ce sont toutes ces étapes qui font l'alimentation, elles regroupent des dizaines de métiers et de compétences et nous allons aborder l'influence que la technique a sur ceux-ci. J'ai parlé de graine pour commencer, comme j'aurais pu parler d'élevage et de sélection en fonction de la production laitière ou de la qualité de viande ou de poisson.

Nous venons de l'aborder la chaîne entre la sélection et la consommation est assez longue et inclus les métiers agricoles comme les métiers industriels ou artisanaux. Cet ensemble de facteur va avoir des particularités en fonction du mode de culture, de la conception culinaire jusqu'à la façon de se nourrir. Je l'ai développé un peu plus en détail dans « Rééquilibrage Alimentaire », cette différence en fonction des ethnies, va créer une alimentation propre à chaque pays et à chaque terroir, ce qui comme je le pense et comme certaines études le confirment, a une influence sur notre santé ; conséquence d'un microbiote développé au fil des siècles par rapport à une région géographique.

La technique

Même s'il existe des particularités de production et de consommation en fonction des ethnies, la logique reste souvent la même pour l'humain et la structuration de son alimentation.

À partir du moment où l'humain a conçu des stratégies pour se nourrir l'alimentation a pris un tournant technique. Nous pourrions croire que cela remonte à l'agriculture, mais c'est un peu plus ancien que cela. Dès que la cueillette et la chasse se sont présentées comme les moyens les plus sûrs d'assurer la survie, récoltes et stratégies de chasse pour subvenir aux besoins du groupe se sont organisés, la technique alimentaire était née. L'agriculture n'a été qu'une suite logique à cette première étape par la culture et l'élevage.

La domestication des animaux, l'irrigation, l'organisation des cultures en fonction des saisons, des terrains, du climat, ce sont les multiples inventions qui ont contribué à faire avancer l'agriculture, à la rendre plus productive, à diminuer les pertes, etc. Le but de l'alimentation c'est la survie de l'espèce humaine, cela passe par la recherche d'énergie à travers la calorie. Le concept de plaisir alimentaire est venu bien plus tard, bien que le fait de se nourrir pour la survie pouvait procurer une forme de plaisir. C'est une fois la maîtrise de la source d'énergie, qui a permis l'abondance que l'homme a pu développer une philosophie sur le plaisir alimentaire.

Les premiers hommes avaient sans doute, une conception bien différente de l'alimentation que celle conceptualisée par Épicure, car ceux-ci vivaient avec et dans la nature, que chaque jour était une découverte ou un défi pour leur survie. Ils faisaient partie d'un grand Tout, observaient la vie animale et végétale autour d'eux et devaient avoir une forme d'émerveillement devant ce qui se présentait et qui leur permettait de rester en vie. Ils ont certainement à ce moment-là associé ce monde du vivant au mystère de la vie, ce qui est devenu une notion de sacré. Bien que le mystère ait pu s'expliquer au fil du temps, la notion de sacré est restée à l'époque où le concept de plaisir alimentaire est né et par la suite aussi. Nous pouvons notamment retrouver cela dans les tribus animistes, pour qui les animaux et les végétaux ont une âme, ont des dieux et pour qui il est important de rendre grâce à ce monde du vivant que l'on arrache à sa vie pour survivre. Nous le voyons aussi dans des sociétés plus occidentales où les religions rendent grâce au repas, au travail de celui qui a cultivé les champs et récolté les fruits de ce travail, à celui ou celle qui a conçu le

La technique

repas et surtout au Seigneur qui a permis que tout cela soit faisable.

Au fil des siècles l'alimentation perd son caractère sacré, petit à petit la science et la technique se combinent pour expliquer les phénomènes, pour améliorer les processus et à l'approche de la révolution industrielle cela s'accompagne par l'exode rural. Cet exode est venu peupler les villes usines, à la même époque l'importance de l'église a été remise en question, poussée par un mouvement laïque. Cet ensemble de facteur a contribué à ce que l'homme se détache de la nature pour s'accomplir dans un rêve urbain. L'agriculture s'est de plus en plus mécanisée avec les outils modernes jusqu'à devenir les super structures que nous connaissons aujourd'hui. Des modes de conservations différentes comme l'appertisation, sont apparus et ont permis de consommer les aliments différemment. S'en est suivi une production à la chaîne aussi dans le domaine de la nourriture en conserve, jusqu'à ce que nous puissions voir aujourd'hui avec des usines de conditionnement en tout genre et même des fermes usines ou les fruits et les légumes sont produits en vase clos ou encore le lancement de la production de « fausse viande ». La cuisine a aussi connu un tournant technique à la fin du XIXe siècle avec le passage de la cuisson au feu de bois vers la cuisson au gaz

La technique

avec les premières gazinières. Ce dernier point n'est pas anodin car se sont des modes de préparation, des métiers qui ont changé ou disparus dans la préparation culinaire.

Nous sommes remontés un peu loin dans le temps, mais comme nous l'avons abordé dans le chapitre précédent nous avons besoin de comprendre ce qui pouvait s'apparenter à une technique primitive et qui est devenue une technique moderne. Cette transition entre technique primitive et technique moderne a bien évidemment touché le système alimentaire.

Reprenons un instant l'exemple de la graine sélectionnée qui nous donne ici un exemple de la technique et de son évolution. Comme nous l'avons dit à partir du moment où une stratégie, une organisation s'est mis en place dans l'agriculture, la sélection de la graine a été une suite logique de la technique. C'est l'expérience répétée et l'efficacité du résultat qui a permis de savoir quel type de graine convenait le mieux. Nous sommes passés d'une sélection par l'expérience à une sélection par la science. Dès l'instant où l'agriculture est entrée dans un marché où l'erreur est de moins en moins permise, nous avons vu la technique combinée à la science se mettre en scène. Ce n'est plus l'expérience qui a permis de sélectionner la graine mais la

La technique

science et bien souvent c'est par une modification génétique, par l'hybridation qu'elle est arrivée à rendre une graine rentable. Dans une logique de la société moderne, c'est ce dernier modèle qui est favorisé en chassant les siècles de sélection par l'expérience. Jusqu'où peut nous mener ce modèle ? Quelles conséquences peut avoir se modèle sur la santé ? Travailler sur les graines, les rendre plus performantes apporter toute cette technique a des conséquences que nous connaissons déjà. La technique a un coût, elle doit être rentable pour celui qui l'applique. En ce qui concerne les graines, les modifications ont été telles que il est possible de rendre une plante stérile, de faire en sorte que des fruits soit sans pépins, que les plantes puissent se défendre par une modification génétique contre un parasite. La graine est devenue la propriété de groupes industriels organisés en multinational. Nous parlons maintenant d'un marché de la graine, avec des réglementations sur celles qui sont jugées bonnes ou non, mais cette fois-ci pas par rapport à leur efficacité de rendement, mais par rapport à la propriété de celle-ci. Nous pouvons difficilement échapper au système technique qui s'est mis en place autour de la graine et de sa sélection techno-scientifique. L'agriculteur n'est plus tout à fait libre d'appliquer la technique primitive, car le marché régule ce qu'il a le droit de faire ou pas, en fonction d'un système technicisé, propriétaire et financier. Aujourd'hui les graines maison ne sont pas autorisées à la vente et leur résultat final, sont de plus en plus limités dans le commerce.

Modernité et démesure

L'alimentation dans son caractère moderne présente des différences fondamentales avec ce que nos ancêtres ont pu connaître. Les habitudes, les pratiques ont évolué avec le temps et nous laissent à penser que ce qui hier représentait le cœur de l'économie d'un pays, n'est plus une priorité aujourd'hui. En quelques décennies, nous sommes passés d'une vie majoritairement rurale à une vie urbaine en particulier pour la population occidentale. Nous l'avons abordé précédemment, cette transition a été motivée par la révolution industrielle et ce nouveau mode de vie a induit de nouveau mode de consommation, de nouveaux métiers de l'alimentation ainsi que de nouvelles pratiques de production et de distribution. La concentration de personnes dans ces nouveaux milieux urbains ainsi que leur implication dans de nouveaux métiers industriels, les a peu à peu éloignés d'une production personnelle de leur alimentation. Cette période où la technologie prenait un visage nouveau, à vu s'installer une nouvelle façon de produire en optant sur la masse, cela a impliqué que des modes de transports soient adaptés à cela et par extension à la création de structures de distributions. Produire et distribuer en masse devait aussi s'assurer par une conservation nouvelle des aliments et la technique y a répondu avec les premiers réfrigérateurs. L'ordre technique se dirigeait dans une logique, en fonction d'un nouveau mode de vie humain. Tout cela a été assez rapide compte tenu de l'évolution des pratiques alimentaires dans l'histoire. Nous ne pouvons bien évidemment pas comparer la production de masse de la fin du XIXe siècle à celle, d'aujourd'hui. Premièrement parce que la population française se situait dans les 40 millions d'habitants dont 43 % d'entre eux représentaient les métiers de l'agriculture, alors qu'en 2020 avec 67 millions d'habitant ce sont 789 000 emplois permanents dans l'agriculture soit 1,13 % de la population ! Deuxièmement l'importation de produits alimentaires provenant de l'étranger était moindre, le marché mondial tel que nous le connaissons n'a vraiment commencé qu'après la seconde guerre mondiale, en même temps que les emplois agricoles ont chuté et que les super-structures ont augmenté. Les hommes ont été progressivement remplacés par des machines pour assurer une production compétitive sur le marché mondial. Cette démesure a eu des conséquences

La technique

sur la distribution des produits. Là où il existait encore une localité au début de l'ère industrielle dans la production et la distribution des produits, la tendance s'est peu à peu modifiée pour en arriver à l'état actuel où les produits locaux sont peu nombreux. La production de masse est de nos jours axée sur de la monoculture, la plupart du temps céréalière, parce que les machines le permettent et parce que la structure politique l'encourage.

Bien évidemment, les marchés paysans, primeurs et halles existent toujours pour proposer des produits locaux, ce sont mêmes de nouvelles structures qui se sont créés pour assurer un circuit local, comme des coopératives ou les associations pour le maintien de l'agriculture paysanne (AMAP) mais nombreux sont les commerces dont les primeurs, sont entrés dans une logique de mondialisation de l'offre alimentaire. Ils ne le font pas dans un souhait de casser le marché de la localité, ils répondent à une demande qui se veut de plus en plus déconnecter de la réalité. Parce que nous faisons partie d'un système économique qui permet d'avoir de tous produits en toutes saisons et parce que la technique moderne nous le permet, cette possibilité est devenue une exigence de la part du consommateur. Les produits internationaux ont toujours existé sur le sol français, seulement le mode d'acheminement que pouvait être les caravelles, n'étaient pas les supertankers que nous avons aujourd'hui que cela soit autant en volume d'importation qu'en influence sur l'environnement. Nous pouvons ajouter à cela l'aviation qui a aussi permis de gagner un temps considérable dans le transport des matières les plus périssables. Nos habitudes modernes alimentaires, complètement démesurés, en dehors de la réalité territoriale et environnementale sont en quelque sorte le résultat d'un conditionnement lié au marché, qui nous a fait plonger dans une forme de « dé-saisonnalité » qui constitue aujourd'hui en grande partie l'offre commerciale.

Ce qui nous amène à aborder un point important qui va impliquer indirectement nos habitudes. Ce point c'est la façon de fabriquer et d'acheminer l'alimentation. Comme tout produit est disponible à n'importe quel moment, la chaîne de production industrielle peut aisément poursuivre son chemin. Les industries, sauf pénurie, ne connaissent pas d'arrêt dans la production de produits, de janvier à décembre. Une usine élaborant de la compote de pommes fera de la compote de pomme, comme une usine concevant de la sauce tomate, peu importe d'où proviennent les matières premières et peu importe la saison.

La technique

Dans « rééquilibrage alimentaire » j'abordais aussi un sujet qui rentre dans le cadre de l'alimentation moderne, celui de la compétitivité agricole et donc un mode de production différent, intensif pour pouvoir faire partie de ce marché mondial. C'est en quelque sorte l'ensemble de ces facteurs qui constituent l'alimentation moderne, et qui détermine automatiquement une façon de se nourrir.

La technique moderne a considérablement bouleversé notre approche de l'alimentation et nous pouvons encore plus en faire le constat depuis à peu près, la fin des années 60. Pour reprendre les exemples précédents, le fait de participer à un marché mondial implique des machines pour produire et pour transporter. Elles permettent une productivité et une rapidité d'exécution de plus en plus performante dans une logique de progrès technologique. Le fait d'utiliser et de fabriquer ces machines de production ou de transport ne choquent pas tant que cela les pouvoirs publics, qui se disent être conscients des enjeux environnementaux mais estiment en quelque sorte que c'est une pollution acceptable tant qu'elle n'a pas lieu chez eux. Un exemple relaté en 2021 dans un article du média « Reporterre » nous dresse un portrait sur la fraise gariguette de Plougastel vendue sur les marchés de Tokyo et sur son empreinte carbone. La fraise de Plougastel produite par une coopérative de maraîcher de l'Ouest de la France, se retrouve donc sur les marchés tokyoïtes, soit à 13 000 km de son lieu d'origine. A titre de comparaison pour 75 kg de fraises envoyée au Japon, qui est équivalent au poids moyen pour une personne, cela représente exactement la même empreinte Carbone et les mêmes conséquences d'un point de vue pollution. Cet exemple illustre à nouveau et parfaitement la démesure de l'alimentation moderne, nous avons ici l'exemple pour la fraise de Plougastel, mais nous aurions pu prendre n'importe quel autre produit que nous importons alors que nous le produisons ou pourrions le produire dans notre pays, à la saison adéquate. La consommation s'est de plus en plus reposée sur la machine pour être satisfaite, la politique des états majoritairement importateur, dans une idéologie globaliste à outrance a encouragé ce machinisme jusqu'à en perdre sa souveraineté alimentaire.

Dans cette logique, la fabrication alimentaire s'est industrialisée, technicisé par la mécanisation et par les processus d'élaboration. La fabrication industrielle de plat ou autre préparation alimentaire, se fait majoritairement avec des produits importés, quand ces usines ne se limitent pas seulement à de l'assemblage déjà préparé et importé.

La technique

L'objectif de performance, de productivité et de rentabilité a poussé l'industrie à se robotiser, remplaçant le travail humain sur les chaînes, pour atteindre les quotas de production et rester compétitif. Le travail de l'humain dans ces usines, et c'est déjà un constat, se limite la plupart du temps à la maintenance des machines.

La machine prend une telle place que les recettes sont millimétrées mécaniquement, les arômes sont synthétisés, ce qui fait aussi appelle à un autre système de production cette fois-ci chimique, elle-même technicisée. Le conditionnement commence à se généraliser vers une robotisation, ce conditionnement faisant lui aussi partie d'un autre système technicisé par des usines fabricants des contenants, ce qui laisse une place très restreinte à l'humain. L'humain dans l'industrie qui fabrique l'alimentation se réduit de plus en plus et finira par disparaître pour se limiter à un rôle que l'on nomme déjà « technicien de maintenance » pour une coordination des systèmes que je viens de décrire. L'humain fait donc partie de la méthode, son rôle est technicisé, sa responsabilité est limitée à son poste, il n'a pas accès aux postes en amont de la chaîne ni aux postes en aval de cette chaîne.

En ce qui concerne le producteur de matière première, l'agriculteur, où qu'il se trouve dans le monde, tout a été

La technique

fait pour que sa tâche devienne de plus en plus technique. Bien évidemment, la technique dans l'agriculture a connu une évolution logique, comme nous l'avons vu un peu plus haut. Elle a permis notamment de maîtriser les cultures pour diminuer les pertes, pour augmenter la productivité et le rendement, elle a permis aussi de faciliter le travail aux champs. Seulement, cette évolution, avec la technique moderne a connu peu à peu une dérive qui éloigne le cultivateur, pour faire naître l'exploitant agricole. Une dérive qui va peu à peu modifier sa pratique, pour des raisons sanitaires et de rendement lui dira-t-on mais en vérité pour le plus grand profit de certains industriels. Nous l'avons vu avec l'exemple de la graine qui doit passer par un circuit technique et financier avant d'arriver dans les mains de l'agriculteur. Celui-ci n'a pour ainsi dire, plus le droit d'utiliser ses propres graines, pour produire. Il doit acheter la graine dans un système autorisé à le faire et le législateur y contribuera pour rendre la démarche officielle. Système autorisé, à savoir, des industries de l'agro-alimentaire et de l'agrochimie qui eux-mêmes ont automatiquement déposé des brevets pour avoir l'exclusivité de la vente de ces graines et bien souvent des traitements chimiques qui vont avec.

La technique

Ces graines viennent, pour beaucoup d'entre elles d'un autre pays ce qui implique souvent une logistique, pour leur transport et donc des moyens techniques. En entrant dans cette démarche, l'agriculteur se voit avoir des responsabilités supplémentaires, car comme nous l'avons vu il est fortement sollicité à utiliser des produits pour que sa production arrive à terme et dans un souci de productivité et de compétitivité, il va utiliser ces produits. Ceux-ci font partie, comme je l'ai dit, d'un système lui-même technicisé dans des usines d'agrochimie. Cela implique pour l'agriculture de se former à l'utilisation de cette chimie, ce qui rend sa tâche toujours un peu plus technique.

Enfin l'agriculteur pour avoir une place dans le marché mondial doit avoir une superficie suffisamment grande pour produire, le coût salarial fait que sur d'aussi grandes surfaces, il n'y aurait aucune rentabilité à faire travailler des humains. Pour cela la solution reste la machine. La machine qui va aider à planter, à récolter, à traire, à traiter, etc. Toutes ces machines sont elles-mêmes issues d'un système technicisé.

Quel est le rôle de l'agriculteur ? Finalement, dans le même esprit que le technicien sur les chaînes robotisées des usines de conception de repas, il est réduit à faire de la maintenance et de la coordination de tout ces systèmes. La machine va même plus loin, car elle automatise même dans l'agriculture, elle crée des heures de traite pour les vaches, qui finissent par être conditionnée par cela. Elles viennent à attendre patiemment que la porte de la salle de traite s'ouvre, se place au bon emplacement et se laissent traire par un objet. Mais l'agriculture est en train de connaître un tournant révolutionnaire avec les fermes-usines, des hangars d'exploitation maraîchères sous lumières artificielles, avec des légumes évoluant dans des bacs géants avec la technique de l'hydroponie. Des capteurs sont branchés pour savoir de quoi a besoin la plante, surveillés 24 heures sur 24, les nutriments dont les plantes ont besoin sont distribués sous forme liquide dans les bacs. Elles sont protégées de toute agression parasitaire par des structures quasi stériles. Cela permet une productivité maximum avec un minimum de personnel. Les agriculteurs de demain sont en blouse banche et les produits sont nourris artificiellement.

Tous ces éléments nous permettent déjà d'appuyer ce que nous avons dit sur le caractère technique de notre alimentation moderne. Bien que la technique ait toujours fait partie de l'alimentation par des techniques primaires,

La technique

c'est aujourd'hui la technique moderne qui révolutionne une partie de l'alimentation. Pour répondre complètement à la question initiale et parce que l'alimentation ne se limite pas au mode de production nous devons aborder la façon moderne de se nourrir.

Se nourrit-on par besoin ou par plaisir ?

Ce monde moderne et technique, a tendance à nous dissocier des actions et de la réalité, il en est de même pour l'alimentation. Nous l'avons vu avec un détachement de la responsabilité dans la chaîne de fabrication ou de production, mais cela ne s'arrête pas là. Nous nous détachons aussi de plus en plus du contact avec les éléments et le produit. Pour reprendre l'exemple du feu que nous avons abordé au tout début, jusqu'à une époque récente nous avions une relation particulière avec cet élément. Nous nous en servions pour nous éclairer, pour nous chauffer, pour nous nourrir. Le feu avait une importance dans nos vies, parce que nous devions le nourrir pour qu'il nous nourrisse. Notre alimentation dépendait de la maîtrise du feu jusqu'à l'arrivée de la gazinière puis de l'électricité qui au fur et à mesure que nous entrions dans la modernité, nous détachaient de cette relation millénaire avec le feu. Dans son ouvrage sur la

La technique

psychanalyse du feu, Gaston Bachelard décrit très bien cette relation et ce que nous pouvons conclure comme conséquence de cette séparation sur notre psychologie.

Ce qu'il s'est passé avec le feu, nous le connaissons maintenant peu à peu avec l'aliment. Quand nous achetons un plat préparé, un légume déjà pelé, haché ou même dans sa nature propre, nous sommes déjà détachés de l'aliment. Quand un enfant croit naïvement que le poisson dans sa forme originale est carré, nous voyons parfaitement que la technique dans l'alimentation nous a dissociés de la nature. Quand certaines personnes n'osent pas manger ce qui vient d'être cueilli devant leurs yeux dans un champ parce que le légume avait un contact direct avec la terre et qu'il ne vient pas du magasin, ou encore qu'ils n'osent pas manger une volaille abattue par le fermier ou un poisson qui vient d'être pêché, nous sommes en pleine dissociation avec la nature et les aliments. Le monde moderne et technique nous a habitués à une réponse normative, détaché du réel. On nous présente les pièces de bœufs détachés, empaquetés sous cellophane, bien compartimenté dans les rayons, sans jamais nous montrer une pièce entière de bœuf ou certaines parties par crainte de heurter les sensibilités. Le consommateur moderne est complètement détaché de l'élevage et de la mise à mort pour se nourrir et survivre. De

La technique

même, il est complètement éloigné du champ ou du verger où poussent fruits et légumes, le détachant un peu plus de la saisonnalité et de la croissance de ces aliments.

Ce n'est pas la science qui nous a détaché des éléments, ce n'est pas non plus la mécanisation, nous devons regarder du côté du confort que le système technique a apporté. Ce système qui a compartimenté nos vies, nos modes consommations, de productions et notre façon de nous alimenter. Un système qui a utilisé science et mécanisation en nous apportant un confort toujours plus amélioré mais par lequel nous ne sommes plus au contact direct de l'élément. Nous rendant presque étrangers à ce qui a contribué à notre évolution, par l'effort physique et mental que nous devions déployer pour survivre et retirer une forme de plaisir dans la maîtrise ou l'acquisition des éléments.

Ce que je viens de décrire pour le feu et les aliments nous pouvons aussi bien le transposer à la terre ou à l'eau que nous aborderons dans le dernier chapitre. L'eau, cet élément vital dont nous perdons doucement conscience de son importance à notre survie et qui vient à manquer un peu partout dans le monde.

La technique

Où se situe le plaisir aujourd'hui ?

Si le plaisir ne se trouve plus dans la maîtrise ou l'acquisition des éléments, il n'a pas pour autant disparu de nos vies. Le confort de pouvoir accéder rapidement à la ressource a modifié la façon d'aborder le plaisir. La notion de plaisir fait toujours appelle aux sens, mais elle s'intellectualise plus que ce qu'elle ne surprend. Pour donner un exemple, la normalisation technique de l'alimentation, fait que, nous allons à chaque fois retrouver le même goût à certains produits industriels, alors qu'un produit naturel cueilli sur l'arbre, récolté dans un champ peut encore provoquer une surprise gustative qui va avoir une conséquence sur la notion de plaisir. Nous devons comprendre que même les produits naturels rentrent aujourd'hui dans une normalisation, parce que le consommateur s'attend à un résultat gustatif et à une notion de plaisir qui y sera liée. La surprise gustative doit disparaître parce qu'elle donne un aléatoire trop grand à la notion de plaisir ne rentre pas dans la logique du système technique.

Nous pouvons supposer que le plaisir se trouve aujourd'hui rentré dans un système de normalisation par rapport à ce que l'industrie, grâce aux techniques qu'elle utilise, va produire et induire comme influence du plaisir.

La technique

Ce plaisir intellectualisé, calculé scientifiquement et vendu à grand coup de campagne marketing, a bien évidemment des conséquences sur notre psychologie. Puisque nous ne pouvons faire une expérience gustative, que de ce qui nous est proposé par cette normalisation. Avec ce processus nous n'avons pas la même expérience surprenante ou spontanée que celle que la nature peut nous offrir par les diverses formes d'acidités, d'amertumes, de douceurs ou d'un mélange de ces différents goûts qui pourraient nous correspondre et nous apporter une autre qualité de plaisir. En retrouvant chaque fois le même goût et le même plaisir, nous sommes dans une forme de sécurité qui est aussi une forme de confort. Le produit industrialisé n'a pas besoin de modification pour être ajusté à notre goût puisque bien souvent il l'a été en amont. Nous n'avons pas besoin non plus de savoir s'il est comestible ou pas parce qu'une date indique dessus combien de temps il peut être consommé, mais aussi combien de temps le plaisir gustatif est assuré. Nous entrons dans une forme d'automatisme d'achat et de consommation sans plus réellement réfléchir à la viabilité du produit, puisque la technique a déjà fait ce travail. Pour augmenter l'expérience de confort les autorités sanitaires et politiques imposent un barème lettré et coloré, comme le « nutriscore » qui va faire en sorte que nous n'ayons plus besoin de nous poser la question de savoir si le produit

La technique

rentre dans nos besoins ou pas. Là où le consommateur pouvait encore avoir le réflexe de regarder la composition ou les valeurs nutritives, en un coup d'œil le travail est préétabli. Pourtant, et nous le verrons plus tard, le « nutriscore » est loin d'être l'outil idéal pour se nourrir en fonction de nos besoins.

Cette normalisation du goût et par extension du plaisir ne peut voir le jour, que grâce à la centralisation de l'achat qui se trouve à présent dans les supermarchés. Les produits qui y sont présentés couvrent bien évidemment une palette de goûts, mais toujours dans une acceptabilité au sens large du public. Si nous prenons le rayon fruit et légumes, la plupart des produits proposés, peu importe leur origine, se limite à deux voir trois variétés. Sur 7000 variétés de pommes cultivées dans le monde, le choix se limite bien souvent à 4... Ces variétés sélectionnées sont celles jugées par l'industrie commerciale, comme les plus acceptables en termes de goût pour la masse consommatrice. Pour ceux qui sont déjà allés cueillir des pommes dans un verger où le choix des variétés est beaucoup plus large, on peut assez rapidement constater que les goûts et saveurs sont multiples, que la découverte de ses variétés sont souvent sources de plaisir mais ne seront jamais connu du grand public parce qu'elles ne correspondent pas à la norme gustative.

Doit-on faire un choix entre plaisir et besoin ?

Se nourrir en fonction de ses besoins peut au premier abord être différent que de se nourrir par plaisir. Par besoin, nous allons mettre en place consciemment ou inconsciemment des techniques pour subvenir à ce qui, de manière nutritive va nous être bénéfique. Cela implique que nous contrôlions les quantités, que nous choisissions les produits les plus performants pour notre bien-être, sans qu'il y ait réellement en premier lieu une notion de plaisir gustatif, mais plus un plaisir lié à l'accomplissement du besoin. Pour beaucoup de sportifs, la manière de se nourrir se situe uniquement au niveau des besoins, même si de prime abord l'aliment est insipide voir même repoussant (comme certaines poudres à diluer), il se crée une forme d'accoutumance au produit et la naissance d'un plaisir envers celui-ci. Le fait que le produit va contribuer à la performance ou au maintien de l'équilibre va associer le plaisir au besoin.

Quand on se nourrit uniquement par plaisir cela implique aussi une forme de technique et elle va dépendre de ce que

La technique

nous définissons comme source de plaisir. Est-ce un plaisir lié à une émotion gustative ? Dans tel cas, nous allons mettre en place un mécanisme pour retrouver ce plaisir par l'élaboration d'une recette. Est-ce un plaisir lié a une suggestion et donc une promesse de plaisir que certaines publicités peuvent nous présenter ? Dans ce cas-là nous répondons alors à une technique commerciale qui nous a permis d'en arriver à la conclusion que nous allions atteindre un niveau de plaisir et par extension comme nous l'avons abordé à une normalisation du plaisir gustatif.

Je tiens à préciser que le plaisir n'est pas étranger au besoin et inversement, seulement bien souvent ce qui correspond à une notion de plaisir chez l'être humain n'est pas forcément lié à la notion de besoin qui permet la survie. On peut adorer le chocolat qui va apporter un plaisir gustatif, certes le chocolat par sa composition va apporter des éléments nutritifs nécessaire à la survie, mais en termes de besoin et de conséquence à long terme sur la santé, il est plus lié à une notion de plaisir que de besoin. L'équilibre alimentaire est en quelque sorte la voie du milieu, c'est allier besoin et plaisir en conscience. En apprenant notre physiologie et les besoins qui lui sont nécessaire, nous pouvons apporter du plaisir en choisissant mieux nos aliments, mais aussi nos habitudes et modes de vies.

La technique

Comme je l'ai longuement décrit dans rééquilibrage alimentaire, l'équilibre alimentaire ne se limite pas à l'alimentation, c'est un ensemble de facteur qui va contribuer à cet équilibre, comme notre sommeil, notre activité physique, etc. La nourriture que nous consommons doit-elle forcément être dans le camp du besoin ou dans le camp du plaisir ? C'est peut-être un peu plus complexe que cela. Si nous sommes humains c'est que nous savons faire la part des choses, nous ne sommes pas uniquement voués à répéter ou choisir inlassablement le même type d'action comme le ferait un robot. Nous sommes programmés pour découvrir, pour aller à la rencontre du plaisir pour évoluer. Il se trouve que l'humain en est arrivé là où il en est après des millions d'années d'exploration de ce qui l'entoure et de son être. Il a su déterminer ce dont il avait besoin et y a associé un plaisir par l'expérience qu'il a retirée de ses explorations et ensuite par la répétition de l'expérience. La relation avec l'alimentation c'est l'expérience d'une vie, pourquoi devrait-on se limiter à une forme imposer par un système économique ou industriel pour choisir notre façon de nous nourrir ? Pourquoi devrait-on se limiter à la tradition culinaire d'un pays pour savoir ce qui nous convient ou pas ? Les besoins et les plaisirs n'ont pas à être de parfait étranger au nom d'une idéologie qui se revendique bien

La technique

souvent scientifique, mais qui se trouve en réalité bien loin de la complexité de l'être humain.

Bien souvent notre façon de nous nourrir correspond plus à un code de société. Nous avons tendance à nous alimenter comme des consommateurs et pas comme dans une démarche de bien-être physique ou/et mentale, ou de soin de soi. C'est en quelque sorte la société et son mécanisme idéologique qui guident l'alimentation moderne. Il suffit d'observer la façon que nous avons de consommer et j'entends par là : acheter notre alimentation. C'est pourquoi viser l'équilibre alimentaire est sans doute la meilleure alternative à celle de devoir faire un choix entre plaisir et besoin.

Acheter son alimentation

Nous pouvons constater que certains mots ou termes que nous employons quotidiennement et de manière automatique peuvent avoir des conséquences sur notre comportement. Je m'attache très souvent à la sémantique, car la résonance des mots ou expressions, bien que nous finissions par perdre le sens consciemment, nous influence la plupart du temps de manière inconsciente. L'exemple

La technique

que nous pouvons développer ici c'est l'utilisation de l'expression « faire des courses », elle parait anodine à un premier degré, mais si nous prenons un peu le temps d'y réfléchir son influence sur notre psychologie a bien une importance, car elle implique que nous devons accomplir une mission dans un temps donné.

Faire des courses correspond au rôle du coursier qui doit livrer ou faire un nombre de tâches dans un temps imparti, pour notre point de vue alimentaire, cela consiste à se rendre dans un supermarché où les rayons sont disposés pour guider le consommateur dans sa course afin qu'il gagne du temps dans son planning de choses à faire. Le temps du partage , de l'observation et de la découverte du produit avec le commerçant, est complètement révolu dans ce processus. Si nous voulons même poussé la réflexion jusqu'à son paroxysme, nous sommes passés de l'expression faire son marché qui correspondait aux lieux qui portaient le nom de marché, à celui de faire ses courses, comme si marcher ne suffisait plus. Le supermarché implique certainement inconsciemment la notion de « marche supérieur », des endroits où on « Super-marche » dans des mégastructures pour ne pas perdre de temps, qui a souvent pour résultat, celui de courir. On nous fournit d'ailleurs un caddie suffisamment grand pour

La technique

que cette course soit productive, on ne va tout de même pas renouveler l'expérience chaque jour, sinon l'efficacité d'une course serait complètement à revoir. Cela dit la grande distribution s'est assez vite rendu compte de cet effet de « course » dans les magasins, elle a d'ailleurs constaté que plus le client est rapide moins il consomme.

Pour casser cet effet « course » (bien que la grande distribution continue à employer ce terme) les grandes enseignes ont créé la restructuration des rayons à certaines périodes de l'année, ce qui permet au client de perdre ses repères et de passer devant d'autres articles qui n'ont souvent rien à voir avec l'objectif de ses achats. Autre méthode c'est le parcours dans le magasin avec une entrée et une sortie avec un passage obligatoire par l'ensemble des rayons. Le but est bien entendu d'augmenter le temps de présence dans les rayons pour accroître le panier initial des clients et remplir les chariots de produits souvent superflus.

Quelle est la conséquence de cette surconsommation ? Les produits, comme nous l'avons abordé plus haut, ont une date limite pour leur saveur et pour leur viabilité alimentaire. Nous nous retrouvons souvent avec des produits dont la viabilité va varier entre une semaine et un mois sur les aliments frais et qui va se compter en années pour les aliments secs. Ceci implique que ces produits suivent un traitement spécial pour aider premièrement l'efficacité conservation mais aussi pour optimiser l'efficacité de la « course » hebdomadaire dans le meilleur des cas, bimensuelle dans le pire des cas. Ces traitements spéciaux, ce sont des conservateurs ajoutés, et notamment du sucre, du sel et leurs dérivés. Ceux-ci sont appliqués sur les produits, les rendant plus complexes d'un point de vue nutritif et malheureusement inadaptés aux organismes humains par leur consommation répétée sur le long terme. La conservation moderne est le résultat d'une longue recherche de technique chimique, elle présente bien entendu des avantages pour réduire le gaspillage, mais le gaspillage n'avait pas la même importance avant la grande distribution. L'industrie chimique est venue répondre à un problème qui a été créé dans l'objectif de mettre l'alimentation dans un système technique en voulant faire passer la quantité prioritaire à la qualité.

Dans ce principe nous contribuons à faire fonctionner le système et l'idéologie de la société de consommation. Les conservateurs ont leur limite, tout comme la mémoire humaine a les siennes, c'est ainsi que des tonnes de produits finissent à la poubelle, malgré l'élaboration de ces solutions chimiques pour lutter contre le gaspillage. Ce n'est pas un problème de la technique chimique mais plutôt de la technique commerciale qui veut toujours plus de débit. Logique moderne de la consommation, on jette ce qui est dépassé pour acheter à nouveau. L'offre étant toujours présente nous sur-consommons et poussons par la même occasion à la surproduction, car pour que l'offre soit permanente c'est bien parce que la demande est aussi permanente.

Les supermarchés ont contribué à tuer un modèle social pour en favoriser un autre qui est la société de consommation que nous connaissons aujourd'hui. Ils ne sont pas les seuls responsables, bien que le nombre de petit commerces aient été réduits drastiquement par cette offre supermassive et défiant toute concurrence. C'est un modèle de société voulu par la politique au nom du progrès ,qui a contribué à cette destructuration et cette destruction de la proximité avec le produit mais aussi entre humains.

À quel prix ? Au prix d'un modèle social comme je viens de le dire, mais aussi au prix de la santé humaine aussi bien physique que mentale et cela ne se limite pas à la nourriture physique. Là où il y avait un contact humain, dans un lieu chaleureux avec des commerçants de quartier, il y a des rayons de métal dans des allées interminables avec comme seul contact humain une caissière payée au rabais qui doit

La technique

exécuter sa tâche dans un temps impartit. Celle-ci d'ailleurs remplacées aujourd'hui par des robots caisses automatique pour être toujours plus efficace et productif dans la fameuse « course ». Cela va même plus loin, avec ce que des entreprises comme Amazon sont en train de créer, des supermarchés sans aucune caisse, seulement un caddie connecté où vous rentrez vos codes Amazon, qui scanne tous les produits que vous mettez dedans et qui calcule votre parcours dans le magasin, le temps que vous y passez pour vous suggérer des produits, plus besoin d'un contact humain vous n'avez qu'à valider votre caddie et c'est automatiquement prélevé sur votre compte. Nous pouvons constater que c'est aussi la nourriture affective qui est touché par la destruction de ce lien humain.

Et puis comme nous l'avons vu aussi, au prix de la santé physique, cette technique moderne nous a exposé à des produits modifiés par des colorants et autre conservateurs, mais aussi dans la composition des contenants avec l'utilisation de plastiques et de perturbateurs endocriniens. Combien de ces adjuvants alimentaires et chimiques ont fini avec le temps par être reconnus comme porteur de maladies graves, de troubles hormonaux qui sont responsables de stérilité pour certains ?

La technique

Nous pouvons voir dans le comportement des « consommateurs » les produits qu'ils achètent le plus. C'est souvent le résultat d'un marketing télévisuel outrancier dont nous parlerons plus en détail dans le chapitre suivant. C'est ainsi que nous voyons des rayons de sodas partir en un rien de temps chaque week-end, ou que des gens sont prêts à se battre physiquement sur une promotion de pâte à tartiner ! La façon de se nourrir en fonction d'une intention consciente ou inconsciente peut revêtir plusieurs caractères techniques. La consommation et son marketing qui, nous le verrons aussi, a un caractère technique, fait ressortir les plus bas instincts de l'humain par une communication bien étudiée. Gustave le Bon le décrivait déjà en son temps dans la psychologie des foules, avec un fait que nous pouvons aisément observer lors d'attroupements de personnes dans lieu, dans un contexte, où le niveau intellectuel et le niveau de conscience baisse de manière générale.

Une autre façon, de rester dans la « course » pour acheter son alimentation qui s'inscrit dans le même comportement que dans les supermarchés, se trouve à travers la popularité des « fast-foods » ou de la « street-food » qui par sa terminologie, ne cache pas ce que cela va impliquer comme comportement à savoir une « nourriture-rapide » ou

La technique

directement « dans la rue ». L'anglicisme au-delà du côté fun et branché, nous protège en quelque sorte de la violence que sa traduction pourrait avoir sur notre psychologie si nous utilisions le terme francisé. Bien qu'en France nous ne parlons pas de « Fast-food » pour nommer ces établissements. Ce lien de traduction pour « nourriture rapide » commençait à trop être associé à la mal-bouffe, le marketing a alors, su apporter un biais psychologique et rendre plus attractif ces établissements, en accentuant les noms des enseignes, en utilisant des noms pour les sandwichs, ce qui ne change strictement rien à la valeur nutritive mais qui change tout pour l'association psychologique et ceci dès le plus jeune âge.

Là encore nous sommes dans une notion de rapidité, d'efficacité, de productivité, comme nous l'avons abordé pour les « courses ». Le but est d'alimenter la société consumériste, pour que le consommateur soit efficace et rentable le plus rapidement possible. Et la « street-food » entre aussi dans cette logique. Destinée au départ à offrir une solution là où les fast-foods ne s'étaient pas implantés, la cuisine de rue a augmenté son offre en modifiant des plats traditionnels pour devenir une culture culinaire à part entière. Elle doit pour autant entrer dans les codes du fast-food, c'est-à-dire, rapide, efficace et peu cher. La conséquence c'est que, ce qui était axé sur une clientèle de travailleurs ayant peu de temps pour se nourrir est devenue aussi un phénomène quotidien pour certaines familles, mais aussi un phénomène touristique. Le rythme de vie de plus en plus rapide demande une efficacité et une rapidité dans l'obtention à bon prix. Même les vacances sont minutées, conditionnées et doivent répondre à ces codes. Ces phénomènes nous les observons un peu partout à travers le monde depuis quelques décennies et la France n'y échappera pas.

Pourquoi prendre le temps de se nourrir ?

Nous devons aussi aborder un dernier point sur les fast-foods, qui est celui d'avoir créé le concept d'écrasement du temps. Les délais de consommation dans les fast-foods sont très courts que cela soit pour manger ou pour la durée de validité de l'aliment. On parle d'un quart d'heure de validité pour un hamburger dans certains d'entre eux, au-delà de ce délai c'est direction la poubelle. L'idéologie de la consommation est appliquée à la lettre dans ce type de lieu. Le client qui vient dans un fast-food est une donnée. Dès qu'il franchit la porte de l'établissement son temps de présence est compté, il passe sa commande qui doit lui être distribué dans un délai déduit de son temps de présence. Il

La technique

doit manger dans un temps qu'il ne connaît pas, mais que l'environnement (emplacement, personnel qui travaille rapidement, confort du lieu, proximité avec le nombre de client en attente, taille et disposition de l'aliment) va induire sur sa psychologie. Bien entendu ces établissements proposent des zones de jeux et des menus adaptés pour les enfants. Le but de cette proposition n'est pas l'expérience culinaire, elle n'est pas non plus le souhait d'augmenter le temps de présence, mais de fidéliser le client dès le plus jeune âge. De faire vivre une expérience (répétée) par l'association du plaisir ludique au lieu et par extension à la nourriture qui s'y trouve. Les enfants entrent dans ce système de consommation rapide, efficace et peu cher, par habitude. Ne prêtant plus attention aux textures, aux saveurs ou encore à la qualité nutritive des aliments qui y sont proposés. Nous sommes à mille lieues du restaurant traditionnel ou gastronomique dont le but est l'expérience gustative.

Toujours dans ces notions d'efficacité et de rapidité nous pouvons aussi observer les « drive » que cela soit pour « faire ses courses » ou pour prendre de la nourriture à emporter. Le drive a pour but une notion d'efficacité, mais aussi de temporalité maîtrisée, nous, nous gagnons d'une part du temps pour nous alimenter, mais d'autres part nous

nous éloignons de plus en plus d'une réalité, restant dans nos boîtes roulantes protégés du monde extérieur, de l'expérience humaine où rien ne doit nous faire sortir de l'idéologie de la consommation.

Nous pouvons y voir un peu plus clair sur notre façon moderne de nous nourrir, qui est technique en répondant à des critères de technique moderne, car elle obéit à des règles sociétales. Ces règles nous l'avons vu, impliquent plusieurs domaines qui vont de l'agriculture au marketing et qui ont un caractère technique , cela va de la production à l'offre alimentaire. Dans ce grand système nous pouvons dire que notre façon de nous nourrir fait partie de la technique alimentaire moderne par son implication dans le système. Se nourrir c'est en quelque sorte le dernier maillon de la chaîne, celui que ni le producteur, ni le technicien, ni le revendeur, ni même le marketeur ne peut connaître.

Nous venons de dresser un portrait de notre alimentation dans sa modernité la plus proche, celle du XXIe siècle, mais la modernité n'est-elle pas intemporelle ? Chaque époque connaît sa modernité. La modernité d'hier n'est plus celle d'aujourd'hui et c'est sans doute pour cela que la plupart des témoignages et des études sociologiques ont déterminé que la modernité devait être structurée dans une période de

La technique

l'histoire. En ce qui nous concerne elle revêt non seulement des critères techniques et scientifiques, mais aussi des implications socio-économiques et civilisationnelles. C'est pourquoi la plupart des textes situent la modernité au XIXe siècle et que les siècles suivant portent le nom de post-modernité.

Faisons un bref saut dans le temps, pour essayer de comprendre d'où nous venons dans notre organisation alimentaire et qu'avons-nous laissé pour en arriver à cette alimentation moderne ?
Ce bref retour dans le passé n'est pas tellement éloignée puisque les plus âgés d'entre nous ont encore pu connaître cette structuration sociale et économique, disparue dans la plupart des pays et régions riches, mais encore présente dans les territoires plus modestes voir pauvre à travers le monde.

Par structuration sociale et économique nous aborderons ici la forme la plus ancestrale qui est celle des villages. Les villages ont été le résultat d'union de force pour survivre loin des cités et ont évolué au fil du temps pour créer une économie. En effet quand on observe les vieux villages de France, ces derniers étaient des microstructures humaines qui travaillaient ensemble à leur survie. Avant le XXe siècle les villageois ne partaient pas faire 100 km pour travailler. Leur travail se trouvait soit dans le village, soit dans les champs environnant. Nous pouvons aisément dire que tout le monde se connaissait, car les structures étaient à échelle humaine. Quand ils ne travaillaient pas dans leur village, les villageois travaillaient avec les autres villages environnant. Cela créait une dynamique humaine que nous n'avons pas connu pour les plus jeunes d'entre nous et que les anciens racontent avec une nostalgie émouvante.

La spécificité des villages c'est que chacun apportait une pierre à la structure, chacun avait une spécialité, un domaine qui pouvait être utile aux autres. Ce modèle était ce qu'il y avait de plus répandu en province mais dans qui allait devenir les grandes villes actuelles il en était autrement. Dans les villes moyenne et grandes, il existait aussi des microstructures humaines, découpées cette fois-ci par quartiers. Certains quartiers faisant souvent la taille d'un village qui, avec le temps, est devenu un des villages qui a construit la ville. Dans ces quartiers, les habitants se connaissaient, leur travail n'était pas le même que dans les campagnes, mais le travail au champ n'était jamais très loin puisque les villes étaient entourées de champs cultivés qui les alimentaient en produits maraîchers. Les commerces de quartier se fournissaient souvent chez des producteurs environnants ce qui faisait que tout le monde y trouvait son compte.

L'alimentation de l'époque respectait un terroir. Un temps existait pour ce type d'alimentation autant dans le fait de faire son marché, puisque des marchés et des halles étaient ouverts aux produits locaux, que par le respect d'une saisonnalité. Les produits consommés étaient en grande majorité de la localité et l'offre était saisonnière. Pour ce qui est des autres commerces alimentaires, les commerçants avaient leur magasin où ils travaillaient souvent en famille, souvent même le magasin n'était autre que le rez-de-chaussée de leur maison. Ces commerçants faisaient eux-mêmes partis d'une communauté et connaissaient toute la vie du quartier. Tout cela a disparu petit à petit entre le milieu des années 60 pour être complètement dissous à la fin des années 80.

Pour autant, l'utilisation des techniques était présente dans ces micro-structures à échelle humaine. Nous l'avons vu dans un précédent chapitre la technique a toujours existé, elle a revêtu des formes plus primaires, comme celles que nous pouvions rencontrer avant le XVIIIe siècle et qui peu à peu se sont vu remplacées par la mécanisation, ce que nous avons nommé et que nous nommons toujours technique moderne. Ces micro-structures qu'ont été les villages, ont longtemps continué à utiliser des techniques primaires, bien que les techniques modernes soient davantage développées et utilisées dans les villes nouvelles à forte densité de population.

Nous devons noter que, bien que ces techniques primaires demeuraient dans les habitudes des micro-structures villageoises, ces dernières n'ont pas pour autant été dépourvues de techniques modernes. La grande réorganisation des structures humaines et des modes de production que la révolution industrielle a provoqué, a contribué d'une part à la constitution de mégapoles, à la désertification des villages ruraux, et d'autre part a contribué à la réorganiser le rôle de ces derniers en faisant d'eux des greniers alimentaires. La mécanisation a alors, peu à peu, gagné ces microstructures villageoises. En apportant la machine dans le monde rural, les villes ont pu assurer une sécurité alimentaire par une production plus massive, plus efficace. Et le monde rural s'est assuré d'une aide là où les « bras » venaient à manquer dans ce défi alimentaire. C'est ainsi que des machines pour moissonner, trier, pomper l'eau ont fait leur apparition avec des mécanismes tractés par des animaux ou à vapeur et ceux-ci

La technique

ont précédé les tracteurs à moteur et autres systèmes d'irrigations mécanisés.

Ce n'est pas pour autant que les cultivateurs se sont lancés dans une course au progrès souhaitant avoir la dernière technologie du moment, car de toute façon ils n'avaient pas les moyens et pas l'utilité. De plus la philosophie commerciale à l'époque était de vendre du matériel robuste qui soit réparable et qui puisse durer dans le temps. Ce n'est que très récemment que les outils ont été conçus avec une autre dynamique commerciale, la fameuse obsolescence programmée, dans un but de consommation permanente pour avoir la possibilité de toujours s'offrir la dernière technologie de pointe. C'était aussi sans compter les drames qui se sont présentés fin du XIXe début du XXe siècle, qu'ont été les guerres de 1870, puis 1914 et l'épidémie de grippe espagnole qui a suivi la première guerre mondiale et qui a décimé des millions de personnes.

Ce qui faisait la particularité de la technique primaire, mais aussi l'utilisation des techniques modernes pour l'époque, c'était de voir les choses, à une échelle humaine, le moins possible dans une vision concurrentielle. Le but principal était la survie et l'unité du village, de maintenir ce lien avec cet ami d'enfance, qui faisait le même métier que soi, à qui on donnait un coup de main, avec qui on passait du temps en dehors du travail. La vision du temps était différente avant que l'industrialisation ne gagne le monde agricole et par extension le monde rural. Ce n'était pas plus facile, ni plus joyeux, mais la vie et les relations humaines étaient plus marqués d'attention sur une souffrance commune ce qui amenait aussi plus de solidarité dans les groupes sociaux, chose que les enfants du début du XXe ont connu, philosophie dans laquelle ils ont été élevés. Mais l'objectif marchand a pris toute sa puissance dans la deuxième partie de ce même siècle et a fait peu à peu disparaître. Au-delà, de la comédie légère que représente le film d'Yves Robert « Alexandre le Bienheureux », il y a une forme de message, de philosophie qui en ressort sur le rendement, sur les objectifs à atteindre pour ce nouveau monde paysan fait de champs à très grande échelle et où le travail doit être exécuté dans un temps impartie en utilisant les machines et sous la surveillance de nouveaux objets techniques, gérés par un seul homme alors que celui-ci cherche ce temps qu'il n'a plus. Il doit non seulement en répondre pour sa famille, mais aussi pour l'œil approbateur ou désapprobateur de ses collègues et de son village. Ce film de 1968 reflète assez bien la dichotomie entre le monde d'avant et le monde moderne qui a pris forme après la seconde guerre mondiale dans le monde rural.

La technique

« *Pourquoi te presses-tu ? Il faut prendre le temps de prendre son temps* »
Alexandre le bien heureux (parlant à son chien)

La perte de sens de l'utilité de ces formes de structures humaines et sociale est allé de pair avec l'augmentation de mégastructures urbaines et industrielles ce qui a amené la production et la production de masse au niveau de l'alimentation. Ce que nous avons succinctement abordé ici sur la structuration des villages et de l'équilibre qu'ils pouvaient représenter, tant à un niveau alimentaire qu'à un niveau social et économique, se voit aujourd'hui complètement effacé dans la plupart des pays occidentaux. Cependant nous constatons aussi la dérive que cela représente sur notre santé et sur l'environnement. Ce nouveau système (car historiquement il est encore très jeune) montre déjà ses limites et pourtant c'est le modèle auquel veulent croire les politiques et les industriels, les uns sous l'influence des autres. Mais une question se pose : Jusqu'où peut aller ce système ?

La technique

Jusqu'où peut aller ce système ?

Ce monde moderne en perte de sens, où l'humain comme l'environnement devient des données dans le système technique arrive en bout de course. L'humain par sa santé, auquel on applique une pression de plus en plus forte pour suivre la machine, voir machiniser, réifier l'humain en lui faisant suivre protocoles, méthodes, compétitivités de production dans un laps de temps de plus en plus court, par des rythmes de travail inadaptés aux rythmes de la physiologie humaine. L'humain montre ses faiblesses par le déséquilibre dans lequel le système technique l'a plongé. Au lieu de remettre en question le système, c'est l'humain que l'on remet en question, que l'on accuse de ne pas être assez « machine » et que l'on cherche à augmenter par l'artefact technique et scientifique pour qu'il continue à être efficace et productif dans ce système.

Pour l'environnement c'est exactement le même schéma, la nature a été mise à l'épreuve par le système technique qui a puisé ses ressources jusqu'à l'excès, qui a détruit en l'espace de 100 ans des milieux que la nature a mis des siècles à créer pour atteindre un équilibre, tout cela dans une volonté de rendement, de productivité au nom du progrès mais créant de multiples déséquilibres. Pour autant la nature crée des

La technique

réponses aux déséquilibres que nous pouvons de plus en plus observer aujourd'hui. Ces réponses sont certes souvent excessives, mais elles sont à la mesure de la tâche qui se présente à elle. L'augmentation des températures est à la fois une conséquence de l'activité du système technique mais aussi, sans doute, une des réponses de la nature pour retrouver un équilibre. L'augmentation des déserts met d'office la terre au repos pour une durée indéterminée il est vrai, mais de manière efficace sur l'humain. La fonte des glaces qui va augmenter le niveau des océans va aussi faire disparaître des bouts de terres exploitables et des littorales où faunes et flores ont besoin d'être renouvelés. La nature va aussi laisser se développer virus, bactéries et parasites, qui auront une plus forte résistance mais aussi une plus forte virulence pour réguler la vie. Les conséquences sont certes désastreuses sur les populations humaines et animales, mais nous pouvons y voir par cela, la force brute de la nature pour créer un milieu équilibré pour le vivant. Bien entendu le système technique ne peut pas laisser les choses se dérouler ainsi, il va par tous les moyens chercher à combattre ce rééquilibrage, en prétextant que ces problèmes ne viennent pas du système mais que le système peut apporter des réponses pour continuer dans les objectifs marchands à atteindre.

La technique

Chez l'humain le déséquilibre prend diverse forme, dont celle de l'obésité. Comme si le corps des humains cherchait à se défendre de la violence que le système impose, en créant une enveloppe physique pour se protéger de cette agression ambiante et constante. Bien entendu l'obésité est plus complexe et à prendre au cas par cas, mais la métaphore de protection me semble intéressante et à creuser.

En 2021, nous pouvions observer que l'Europe, bien que nous croyions encore être préservées par rapport aux États-Unis, vient à être touchée par une augmentation du nombre d'obèses et notamment en Espagne, où ce fléau devient une des premières causes de comorbidité. Cette terrible condition touche tous les âges, ceci dans le monde entier, on parle de 40 % de la population mondiale, c'est-à-dire plus de 2 milliards de personnes qui souffrent de surpoids ou d'obésité. Nous devons cependant noter une majorité de cas dans la partie occidentale.

Certains diront que c'est à cause de la sédentarité, d'autres diront que c'est génétique, le journal « le Figaro » parlait d'ailleurs de 70 % de facteur génétique chez la plupart des personnes en obésité. D'autres diront encore que c'est l'alimentation ou encore que c'est lié au niveau social des

La technique

personnes touchées. Des études montrent que ce sont les classes les plus précaires qui n'ont pas accès aux produits de qualité, qui souffrent des troubles anxieux qui, pour reprendre l'exemple des États-Unis et du continent américain en général, sont les plus exposés à la mal-bouffe par les fast-foods qui proposent des repas à meilleur prix que des produits de qualité. Touché par un marketing féroce et par des conditionnements que nous ne connaissons pas (encore) en Europe notamment pour les sodas qui se vendent en baril de 5 litres et/ou sont moins cher que de l'eau en bouteille. C'est sur le continent américain où on retrouve le plus de cas de diabète, de syndrome métabolique et de maladie du soda. La moyenne d'âge en termes de mortalité aux États-Unis était en 2021 de 77 ans.

C'est pourquoi je pose la réflexion de notre alimentation moderne dans sa globalité. Comment ne pas y voir un ensemble de facteurs qui contribue à ce résultat, plutôt que de se focaliser sur ce qui est ingéré. Évidemment, ce qui est ingéré est important mais cela fait partie de tout un mécanisme que nous venons de développer.

Le mode de vie sous forme de course, la technique moderne par l'avènement robotique retirant de plus en plus

La technique

le travail à l'humain et augmentant par répercussion la précarité, le stress contribue à l'augmentation de problèmes de santé publique que cela soit alimentaire, physique ou mental.

Nous avons quitté un modèle basé sur la territorialité, l'esprit de groupe, sur le temps long pour un modèle basé sur le profit, l'individualisme et la productivité. Mais pour quelle raison doit-on être aussi productif ? Pour que le marché ne se casse pas la figure ? Pour maintenir un certains niveaux de confort ? Ce fameux confort à géométrie variable, car il y a toujours plus confortable en fonction du prix pécuniaire que nous sommes prêts à y mettre. Ce modèle sert à nourrir des puissances financières qui n'en ont rien à faire des vies humaines.

Nous l'avons vu tout au long de cette réflexion, notre alimentation est et a toujours été technique. La différence se trouve dans l'intention, dans la philosophie qui motive la technique, qui va en faire un outil, une méthode de rassemblement et de bien-être des humains ou un outil, des méthodes de rentabilité, de productivité qui ne sont pas un mal en soi, tant que l'humain n'en souffre pas. Malheureusement nous ne pouvons que constater une souffrance physique et mentale, malgré le progrès technique qui avait beaucoup de promesses. Nous pouvons ajouter que ce mode de production et de consommation fait partie d'un système que nous alimentons par un mécanisme comportemental qui contribue à faire fonctionner une société qui a adopté une idéologie. Nous sommes en quelque sorte entrés dans une boucle dont il est inenvisageable, pour le pouvoir politique, d'en sortir, car il est structuré économiquement sur cela. Seulement ce ne sont pas des robots ou des machines qui font fonctionner ce modèle idéologique mais des humains avec tout ce qu'une machine n'a pas, à savoir une psychologie qui a une influence sur son mécanisme c'est-à-dire le corps.

La technique

1.2 Marketing alimentaire et réalité qualitative. À qui profite le crime ?

Nous pourrions nous demander, que vient faire le « marketing » dans une réflexion sur l'alimentation. Nous devons reconnaître que notre façon de choisir les produits qui vont composer notre alimentation, sont la plupart du temps issus d'une influence, que peu serait capable d'expliquer. Pour beaucoup de consommateur, ils achètent des produits sans vraiment savoir pourquoi ces produits-là, plutôt que d'autres, ni pourquoi cette enseigne de distribution alimentaire plutôt qu'une autre. Évidemment certains diront, pourquoi se poser autant de questions ? Ce à quoi je souhaite répondre, que quand on cherche à s'émanciper d'un système ou quand on rencontre un problème de santé publique ou personnelle sans se poser certaines questions, nous prenons le risque de maintenir le système ou le problème tel qu'il est. La meilleure façon de sortir de ce mécanisme, c'est de le remettre en question. Ce

La technique

qui me permet de répondre à la première interrogation sur la place du marketing. Ici, elle est tout à fait légitime dans le sens où le marketing est l'outil technique qui va influencer le marché et la façon de consommer.

Pour cela nous avons besoin de développer l'idée de cet outil sur plusieurs points que nous allons aborder de manière non-exhaustive. En question de fond, nous souhaitons répondre à l'interrogation suivante : *les produits bénéficiant d'une campagne de publicité massive pour arriver jusqu'à notre connaissance, sont-ils des aliments de qualité ?*

Le marketing est-il accessible à tous et comment fonctionne-t-il ?

Pour être tout à fait honnête, tout le monde a aujourd'hui le pouvoir de créer une campagne de publicité pour un produit. Pour prendre un exemple les réseaux sociaux ont actuellement pris un avantage sur les sources médiatiques classiques. Ils sont en passe de devenir la première source d'information avant la télévision. Sur tous les réseaux sociaux, il existe à présent la possibilité pour leurs utilisateurs de sponsoriser un produit, cela va de tout petits prix à des sommes assez conséquentes. Cette campagne marketing profite à l'utilisateur qui paye l'audience des autres utilisateurs du même réseau. Ceci sans le consentement des autres membres du réseau, qui promet la gratuité du service par la possibilité d'utiliser les données de chacun des membres pour cibler des espaces publicitaires. Cette manière de procéder est déjà celle d'aujourd'hui pour le marketing et sans doute celle de demain. À travers un outil de divertissement (le réseau social) qui promet de rester un service gratuit à conditions de pouvoir utiliser les données de recherches, ce qui permet à l'instigateur de la publicité d'avoir de meilleurs résultats, car son marketing sera de plus en plus ciblé.

Quel que soit le type de stratégie (télévision, réseaux sociaux ou autres), il reste cependant quelques éléments qui contraignent le marketeur, c'est le nombre de personnes touchées par ces campagnes de publicités qui va dépendre du prix et du temps que l'on peut y mettre ainsi que de la diversité du support. Plus la somme engagée sera petite, plus le temps sera court et plus le support sera restreint pour l'exemple aux réseaux sociaux, moins l'impact sera important. En revanche plus le temps et la sommes engagée seront conséquents, plus les supports seront divers, plus le message passera au plus grand nombre de personnes. Ceux qui peuvent se permettre ce type de

La technique

campagne de publicité peuvent mettre des sommes à 5 voir 6 chiffres et même plus parfois. Pour terminer avec les réseaux sociaux, la campagne de publicité, peu importe l'investissement mis dedans, restera cantonné au réseau en question, c'est pourquoi il est important de bien choisir sa stratégie avant de s'engager.

C'est une règle du marketing, qui va déterminer la réussite de la campagne de publicité, un ratio de publicité qui est de l'ordre de 3 à 5 % en moyenne. Ce pourcentage n'est pas forcément le nombre de personnes qui va acheter un produit, mais ce sont les clients les plus déterminés pour le projet d'achat. Cela veut dire que, pour qu'un produit se vende, il faut que la campagne de publicité soit conséquente pour atteindre un maximum de personnes. Le message doit être diffusé à peu près 10 Millions de fois, tout support confondus, pour avoir 500 000 clients potentiels. Évidemment, il y a d'autres points qui vont jouer dans la balance comme l'aspect visuel, le retour client, etc.

Les entreprises qui créent des campagnes de publicité pour un nouveau produit savent très bien cela, elles ont le budget prévu pour cela et ont souvent le service marketing qui va avec.

La technique

Est-ce que cela va avoir des conséquences sur le produit final ?

Nous pouvons dire qu'en fonction de nos intentions, nous devons assurer la disponibilité du produit. Si une entreprise veut faire 500 000 ventes d'un produit, il faut qu'elle produise ces 500 000 produits voir plus. Cela implique un travail colossal à l'échelle humaine, voilà pourquoi nous ne parlons plus d'entreprises mais d'industrie. Pour exemple à l'invention du Coca, c'était une personne qui remplissait et encapsuler les bouteilles, un ouvrier expérimenté pouvait en faire 300 en une heure, aujourd'hui c'est une machine qui fait cela et qui a une productivité de l'ordre de 2000 canettes à la minute !

A cela il est nécessaire de prendre d'autres points en compte, fabriquer 500 000 produits a un coût et l'entreprise veut être le plus rentable possible. Elle pourrait avoir le choix de présenter un prix en fonction du temps de travail, de transport et du prix des marchandises qui composent son produit. Si elle faisait cela, nous n'achèterions pas ces produits, tout simplement, car le prix de vente serait trop dissuasif. C'est pourquoi l'entreprise a fait le choix de remplacer les humains par des machines, de tirer les prix des marchandises vers le bas ou de prendre des produits de moins bonne qualité et de rajouter pour cela

La technique

des exhausteurs de goûts comme le sel, le glutamate, le sucre, etc. Mais aussi des produits de conservation pour pouvoir tirer les prix de transport vers le bas, permettant un transport moins rapide, moins coûteux.

L'entreprise doit faire un maximum de profit pour un minimum de coût de fabrication, c'est la nature propre de toutes les industries.

Comprenons que le but est la rentabilité à tout prix, parce que le système économique dans lequel nous vivons le demande. Le marketing n'est que l'outil final qui va servir à cette rentabilité. Cet outil en lui-même n'est ni bon, ni mauvais, il utilise des techniques qui vont influencer l'esprit humain à consommer un produit, à le convaincre qu'il en a besoin alors que, jusqu'à maintenant, il ne se posait même pas la question sur ce besoin. Beaucoup de technique de psychologie sont utilisées pour influencer les choix par rapport aux couleurs du produit, au discours qui va le présenter et aussi par rapport à son prix. L'entreprise qui produit en masse n'a pas non plus l'intention de nuire à la santé humaine, elle cherche seulement la rentabilité pour le profit des actionnaires mais aussi pour payer les salariés. Malheureusement elles se rendent complices d'un malaise social et sociétal et tout cela a un prix très lourd sur l'humain.

La technique

Quelles sont les conséquences de cette rentabilité ?

Nous l'aurons compris ce n'est pas le marketing en tant qu'outil qui provoque une catastrophe sur l'humain, cela tient plus de la volonté humaine de tirer profit dans ce marché. La conséquence nous la voyons tout d'abord dans une disparition de plus en plus évidente de l'humain au sein de l'entreprise industrielle. L'humain est de plus en plus remplacé par des machines, et ce phénomène ne date pas d'hier. C'est un long processus qui s'est mis en place depuis le XIXe siècle et qui a connu un essor extraordinaire après la seconde guerre mondiale. L'économie de marché a pris toute son importance, pour les raisons que nous connaissons tous. Après la guerre, nous devions reconstruire une économie et c'est le modèle industriel qui s'est imposé comme une évidence. Seulement nous sommes, par cette même occasion, entrés dans une frénésie au profit et dans une frénésie productive, donc technique puisque la machine avait besoin d'être sans cesse plus performante et cette performance c'est celle de la rentabilité. À partir de ce moment, la promesse que l'industrie pouvait faire au siècle précédent ne pouvait plus être tenue et c'est assez paradoxalement ces industries qui ont créé un chômage de masse au fil des années. Elles ne sont pas les seules responsables, c'est aussi la responsabilité du comportement des consommateurs qui veulent toujours plus, toujours plus vite et toujours moins cher. Poussant les industries à délocaliser leur production et à se robotiser encore et encore.

Le système technique, dans sa logique, ne laisse plus de place pour l'humain, trop imprévisible dans sa régularité, il n'est pas suffisamment productif, il n'est pas suffisamment rentable et représente de plus en plus un frein au progrès. Ce système est poussé par un ensemble de mesures politiques qui ont contribué à cela pendant des années. La taxation sur le travail, à travers les charges salariales, permettent d'un côté une protection sociale pour les employés et l'ensemble des citoyens, mais représente aussi un manque de rentabilité pour les industries et leurs actionnaires. Un robot ne demande pas de salaire, ne coûte rien en charges salariales, n'a pas d'état d'âme et présentera une régularité dans sa production sans aucune fatigue, ce qui idéale pour la rentabilité et pour la prospérité financière des entreprises et de l'actionnariat. La politique, malgré le constat de ce déséquilibre, a voulu maintenir une pression fiscale sur les entreprises au prix de l'humain, misant toujours plus sur l'industrialisation dans tous les domaines, dans le seul but d'atteindre des objectifs

La technique

économiques au sein d'une compétitivité mondiale. Peu importe les moyens pour atteindre les objectifs, l'important c'est la finalité que sont les résultats et les bilans de fin de mandat. Pour le politique si l'humain n'a plus de travail, c'est parce qu'il rechigne à l'offre d'emploi… Dans leur cynisme le chômage devient même un sujet auquel il ne serait pas bon d'y remédier réellement puisque c'est un argument politique qu'il convient de garder à des fins électorales. Pour cela, il suffit d'attendre des élections pour voir fleurir les discours de la plupart des candidats qui parlent sans cesse de compétitivité, de relance de l'industrie et de l'économie. Quand certains gouvernements ont voulu baisser les charges salariales cela n'a eu aucun impact sur l'emploi, le mal était déjà fait. Les industries sont rentrées dans un automatisme technique, où la machine parce qu'elle n'arrête pas d'être améliorée pour plus de rentabilité, devient de plus en plus « LA » solution.

Le marketing, dans ce long processus, n'est qu'une étape parmi les autres, mais elle est majeure tant elle représente un intérêt pour que ce système puisse fonctionner. Jacques Ellul en parlait déjà en 1954, il parlait de l'unicité de la technique. Toutes les étapes d'un système technique sont importantes et en soustraire une reviendrait à faire capoter le système. Le marketing est l'étape qui va permettre

La technique

d'écouler le stock et de pérenniser financièrement ce système. Plus la communication sur le produit sera réussi, plus il y aura de vente. Plus il y aura de vente plus le système pourra s'améliorer et plus il pourra augmenter sa capacité de production et de distribution. Le marketing permet à une industrie d'être rentable, en revanche ce n'est pas cet outil qui va avoir une influence sur le choix des ingrédients qui vont composer le produit. Ce dernier fait revient à un autre service plus comptable : les coûts de production. Dans la logique de rentabilité, le but est bien souvent de réduire les coûts pour être le plus compétitif possible. C'est pourquoi la qualité des produits régresse. Le marketing, lui, aura pour rôle de faire croire que le produit est qualitatif, voir de modifier la définition de ce qui est qualitatif et de ce qui ne l'est pas. Robotiser l'industrie permet aussi de s'éloigner du produit, de le prendre comme une donnée qui doit avoir une application dans le système et qui doit servir avant tout à la rentabilité. Nous l'avons vu ces « supers-ouvriers » n'ont pas d'état d'âme peu importe la qualité de l'ingrédient et peu importe la qualité finale du produit. Les quelques humains qui resteront pour maintenir et mettre en marche les machines ne seront pas qualifiés pour juger de la qualité d'un produit.

La technique

Un second point qui nous concerne tous, c'est celui de voir une agriculture au rabais. Peut-être est-ce dû à l'éloignement des populations de la réalité rurale qui se traduit par un manque de respect du travail de l'agriculteur ? Quand on ne prend plus en considération la difficulté de son travail, quand on rabaisse sa fonction à celle de « producteur » ou « d'exploitant », car rappelons-nous que la sémantique a une importance psychologique. On réduit le travail de l'agriculteur à celui de fournisseur logique des étals des supermarchés, quand il lui est demandé de ne pas être trop gourmand sur sa rétribution, quant à la qualité des produits qu'il fournit. Car en vérité, plus les produits sont qualitatifs plus ils ont un coût élevé de par le temps et les soins qu'ils ont demandés. Le marché n'a pas le temps pour cela, il faut être rapide et l'agriculteur s'il veut être compétitif et rester dans la course, doit s'aligner sur les prix d'un marché qui n'est même plus local, mais mondial !

Si l'agriculteur vient à ne peut plus pouvoir se plier au prix, souvent après avoir tout fait pour rester dans la course, le système sans état d'âme l'échange par des produits d'encore plus basse qualité, issus de l'agriculture mondialisée. Ces ressources feront certainement le tour de la terre avant d'arriver dans le système de fabrication industrielle mais resteront rentables. En sachant cela nous pouvons imaginer la qualité de ces produits.

Cette course à la rentabilité implique des modes de productions agricoles industrielles. Pour les agriculteurs, être rentable, cela passe par le prix de la qualité des produits mais surtout de la qualité des sols qui sont de plus en plus pollués pour cette productivité. Ce qui entraîne des conséquences sur la biodiversité, la mort des insectes et en particulier des abeilles, qui par extension se répercute aussi sur l'environnement. Mais c'est aussi au prix de leur qualité de vie, par l'utilisation de produits chimiques présentés comme des gains de productivité, qui bien souvent ont des conséquences désastreuses pour leur santé physique. Mais aussi par une dépréciation personnelle de ne pouvoir faire un travail de qualité, de devoir entrer dans une logique de rentabilité en produisant toujours plus en élargissant les élevages, ce qui les mène bien souvent malgré-eux vers une forme de maltraitance envers les animaux. Cette souffrance mentale de l'agriculteur est bien trop souvent niée, elle s'accentue par une ignorance du grand public du monde agricole par des dénonciations médiatiques qui parlent de maltraitance, sans parler de la source du problème qu'est ce système technique.

La technique

Le politique pousse aussi à cette industrialisation de l'agriculture par les critères que les exploitants doivent remplir pour obtenir des aides. Ce ne sont pas les petites structures qui obtiennent de réelles aides mais les mégastructures qui vont produire en masse et être dans la course économique. Ce type de politique ne peut que forcer les agriculteurs à se mécaniser, car qui dit mégastructure, dit travail qui va en conséquence. Trouver des ouvriers agricoles est déjà un challenge, les rémunérer en faisant des bénéfices en est un autre. C'est pourquoi beaucoup d'entre eux, pour des raisons qui sont évidentes, se tournent vers les machines. Ces machines ont un coût assez conséquent ce qui fait que l'exploitant vit la plupart du temps sur des dettes liés à des emprunts. Pour un jeune qui se lance dans ce domaine, c'est quasiment impossible de tenir la distance, s'il n'est pas lui-même issu du milieu agricole et bien souvent cela ne suffit pas. Malgré les aides, malgré les machines, un seul pépin qu'il soit climatique, logistique, sanitaire, etc. peut ruiner une saison et compromettre la suite en espérant que d'autres ennuis ne s'enchaînent pas. C'est ainsi que nous voyons le milieu agricole touché par une détresse psychologique qui amène chaque année un certain nombre d'agriculteurs au suicide.

La technique

Une autre conséquence, intimement liée, c'est celle de la santé des consommateurs. Dans cette logique de rentabilité nous l'avons un peu abordé plus haut, l'industrie utilise des ingrédients de moyenne qualité et pour rééquilibrer les pertes en saveurs, en sapeur et rendre tout cela attrayant par des couleurs vives, nous avons à faire à des adjonctions d'exhausteurs, d'arômes et de colorants issus de la chimie. Ces produits représentent une rentabilité, que l'industrie et les lobbys nous présentent comme un gain d'hygiène et de temps, mais nous pouvons constater que ces produits ont pour conséquence des dérèglements hormonaux pouvant parfois mener jusqu'à l'infertilité ou encore des créations de terrain allergiques, des intoxications cérébrales avec certains colorants ayant un effet psychoactif sur le cerveau et plus particulièrement celui des enfants. Sans compter les problèmes liés aux emballages et contenants plastiques qui, nous l'avons vu, au fil du temps ont été des perturbateurs endocriniens. Tout ceci crée des problèmes de santé publique et met en péril la société. La présence de sucre comme exhausteur dans pratiquement tout et n'importe quoi provoque des maladies telles que l'obésité, le diabète, les cancers, les maladies auto-immunes, etc, dont il est très difficile de s'en sortir, voir qui deviennent des pathologies incurables quand elles ne sont pas fatales. Tout cela pour quoi ? Pour une productivité toujours plus efficace et des profits encore plus grands ?

Quand une population voit son intégrité physique et/ou mentale se dégrader à cours ou moyen terme de par ce qu'elle consomme et que ces conséquences soient temporaires, chroniques ou pouvant même entraîner une mort prématurée, que cela soit par un système qui pousse certains à des actes irréversibles sur leur personne ou que l'exposition à des agents chimiques aux grandes promesses d'innovation se voient au fil des années être des facteurs cancérigènes, comment peut-on appeler ça autrement qu'un crime ? Le mobile du crime nous le connaissons tous, c'est cette course au profit et nous venons de le voir à travers ce que je viens de développer.

Après ce très long constat que pouvons-nous espérer ? Que pouvons-nous faire ? Et quand devons-nous agir ?

Je n'ai pas pour habitude de donner des directives, mon but est d'apporter des clés de compréhension en premier lieu et dans un second temps de proposer des pistes de réflexion pour que nous puissions imaginer ensemble des solutions ou peut-être ouvrir d'autres interrogations sur le monde dans lequel nous évoluons. Voilà pourquoi ce que je propose ici n'est pas « ce qu'il faut faire » mais plutôt comment nous pouvons faire autrement ainsi que quelques questions que nous pouvons nous poser.

Nous l'avons vu à travers le constat, nous avons une capacité d'action pour permettre au système de continuer dans sa lancée, ce qui veut dire que nous avons aussi la capacité de faire différemment, pour cela nous devons agir, reste maintenant à savoir quand ?

Cela passe par une prise de conscience de notre implication dans ce système. Cette prise de conscience va se dérouler autant au niveau de l'observation du mécanisme sociétal dans lequel nous tournons que par notre propre comportement dans ce système. Dès ce moment-là, agir n'est plus une question de temps mais une nécessité tellement le constat à titre personnel n'est plus tenable. Évidemment nous pourrions envisager de changer le monde en renversant la table et les couverts et nous pouvons être tentés de vouloir faire adhérer de gré ou de force le maximum de personnes dans notre entourage. Nous pourrions aussi promettre un avenir meilleur pour tous comme le font en général, les hommes et femmes politiques, mais agir ainsi ne nous mènera qu'à une seule chose : la frustration. Même si notre démarche se veut politique, puisque tout est politique, elle est différente de celle que nous avons l'habitude de voir depuis des années à travers les médias et dans nos vies. Le sens politique que nous pouvons apporter c'est une action concrète sans attendre d'approbation. Nous pouvons tous constater que la vie est faite de nuance, que tout n'est pas parfait, et que nous ne sommes pas parfaits. C'est pourquoi agir ne dépend pas d'une directive dictée, mais d'un sens que l'on va donner à ce qu'on fait. Dans ce que nous avons pu voir à travers les exemples que j'ai cités, nous constatons que c'est en partie nos comportements qui sont responsables des résultats de notre alimentation, mais aussi de cercles plus élargis qui touchent à la condition humaine.

Nous pouvons donc agir sans attendre à un niveau personnel avec ce que cela représente de responsabilité mais aussi d'erreur, cela nous permet donc de continuer en nous demandant quoi faire et comment ?

Je souhaite reprendre une idée déjà développée il y a quelques années et dont Pierre Rabbi a été l'un des portes paroles, qui est la métaphore du colibri. L'histoire raconte qu'un colibri, un oiseau minuscule, voit un incendie se

La technique

déclarer dans la forêt, son réflexe est alors d'apporter de l'eau pour éteindre l'incendie, bien entendu ce n'est pas avec sa petite taille que l'incendie va s'éteindre et d'ailleurs dans ce conte les autres animaux lui font remarquer l'énormité du travail , ce à quoi le colibri leur répond : j'ai fait ma part. Le livre « la part du colibri » de Pierre Rabbi reprend ce conte et développe l'idée que si des milliers de colibris se mettent à faire la même action, l'impact sera plus grand.

Cela pour dire que bien souvent les défenseurs du système veulent nous faire croire que ça ne sert à rien de lutter, qu'on ne peut rien faire à notre échelle et nous finissons par y croire, que nous sommes tout petit et que nous n'avons pas de pouvoir sur les choses. L'histoire de la part du colibri nous enseigne que nos actions les plus minimes soient-elles, peuvent contribuer à inspirer un mouvement et changer les choses. L'important réside dans ce que nous avons décidé d'apporter comme contribution. Ici nous pourrions comparer la forêt à la société et l'incendie au désastre que nous sommes en train de vivre.

Nous pouvons agir à notre niveau en évitant de continuer de nourrir cet incendie. Cela en changeant nos habitudes. Dans le cas de ce traité, nous parlons d'alimentation

La technique

comme fil rouge, notre alimentation peut être une alimentation responsable, mais nous parlons aussi de technique et le but n'est pas d'être contre la technique, mais plutôt de prendre conscience de notre utilisation de la technique. Quand nous pouvons éviter de faire fonctionner ce système qui détruit l'humain dans son âme et dans son corps pour quelques marchants qui ne pensent qu'au profit, pourquoi ne pas le faire ?

La plupart de ce que nous achetons dans les commerces alimentaires de masse peuvent se recréer par nos soins. En achetant des matières premières de qualités à des acteurs locaux qui vendent des produits issus du terroir, nous restons ainsi dans un système de consommation mais cette fois-ci nous contribuons à faire vivre une économie locale. Nous profitons aussi de ce que le terroir peut nous offrir par son microbiote et nous évitons de faire traverser plusieurs pays à nos produits avant qu'ils ne se retrouvent dans nos assiettes. En favorisant certains modes de cuisson, nous augmentons le potentiel nutritif des aliments que nous utilisons pour créer ces plats. Ça ne paraît pas être une grande révolution à première vue, mais imaginons que nous soyons des milliers ou des millions à prendre ces habitudes, l'incendie ne serait pas pour autant éteint, mais commencerait à perdre en intensité. L'idée n'est pas de sortir d'un système du jour au lendemain, ni de vouloir combattre la technique mais plutôt d'utiliser la technique d'une façon différente. C'est-à-dire l'utiliser comme une aide ponctuelle à notre bien être et sortir du cercle vicieux qui voudrait que nos vies dépendent de la technique. Favoriser les commerces et les entreprises qui sont à échelle humaine c'est faire prendre conscience à soi-même que consommer différemment est possible et aux êtres humains derrières les produits que nous achetons, que leur travail est valorisant, qu'ils ont une importance capitale dans notre survie et faire grandir en eux l'estime de soi. C'est une façon de les encourager à garder cette échelle humaine et à penser avant tout à la qualité dans sa globalité plutôt qu'au profit.

En agissant consciemment, nous devenons des militants du quotidien, des partisans du mieux-être ou du bon vivre. Si toutes ces actions nous apportent de la joie, elle sera communicative, certains se méfieront (comme toujours), certains critiqueront (comme toujours), certains seront curieux et d'autres voudront prendre leur part de joie. En agissant pour soi, nous pouvons communiquer par nos actes une philosophie. Il serait bien présomptueux de vouloir changer le monde, mais si nous commençons déjà par notre monde intérieur il est très probable que cela finisse par déteindre sur ceux qui nous entourent. La joie se communique aussi bien que la tristesse, elle demande un peu plus d'effort.

Pour terminer ce chapitre, après avoir abordé des questionnements sur quand et comment agir nous pouvons peut-être parler d'espoir. Car l'espoir est un sens, une dynamique comme son contraire l'est aussi. Si nous agissons dans un but de joie, de bien être, nous sommes plus dans une dynamique positive que négative et c'est pour cela que l'espoir pourrait être le dernier questionnement.

L'espoir c'est que nous prenions conscience de cette réalité, de ces comportements qui ont contribué à nous mener à ces résultats. Tout peut porter à croire que nous irons vers une remise en question de notre mode de consommation, de fabrication, de marchandisation, parce que la réalité nous frappe avec autant de brutalité que nous avons mis pour la nier. Prendre conscience que nous avons contribué à ces multiples problèmes de santé, environnementaux et humains et que malgré tout nous continuons à le faire, poussés par de beaux discours politique et de plus en plus par des menaces politiques. Ces derniers vous diront que nous n'avons plus le choix, que nous sommes trop engagés dans la société de consommation, que ce système doit continuer encore et encore. Oui mais pourquoi ? Pour continuer d'alimenter une misère sociale et humaine ? Pour continuer d'abîmer la santé mentale et physiques des humains ? Pour continuer de favoriser des trusts qui n'ont que faire de l'humain ? Car ne l'oublions pas derrière tout cela il y a des êtres vivants et c'est en particulier des humains avec tout ce que cela comporte en termes de corps et d'esprits. L'espoir c'est sans doute de donner du sens à l'humain, de donner du sens à nos actions. De prendre conscience que le modèle qu'on nous a présenté comme la référence, n'est en fait qu'un modèle qui contribue à nous effacer de l'équation, que cela soit d'une manière sociale, physique ou mentale.

L'espoir réside aussi dans la dynamique, dans ce que nous allons faire pour infléchir la tendance. Mon ami Yves Darcourt Léza, sociologue, me rappelle souvent cette notion de tendance. La tendance c'est, en quelque sorte, la dynamique commune ou celle que l'idéologie veut imposer. Et nous avons le choix entre accélérer, conforter ou infléchir la tendance. L'accélérer nous pousserait plus vite vers la catastrophe humaine. La conforter c'est en quelque sorte ne rien faire et continuer nos comportements sans prises de conscience, sans vouloir

La technique

prendre de responsabilité et continuer à dénoncer les inactions politiques aux problèmes qu'ils soient sociétaux ou de santé publique. C'est pourquoi la dynamique que nous pouvons apporter c'est d'infléchir la tendance en agissant différemment, comme je l'ai déjà dit nous ne pouvons pas tout arrêter du jour au lendemain, mais le simple fait de changer nos comportements par une prise de conscience, va contribuer à infléchir la tendance. Pour autant cela ne suffit pas à nourrir l'espoir, car cette dynamique doit durer dans le temps et c'est peut-être le point le plus difficile à mettre en place. Dans mon précédent traité je parlais de la constance, c'est une vertu qui demande une profonde remise en question de soi, mais qui demeure accessible à tous. Sans cette constance, pas de dynamique et pas d'infléchissement de la tendance. Les moyens de démotivations sont et seront nombreux, notamment la facilité d'accès à certains produits, le marketing omniprésent qui joue un rôle d'influence sur la psyché. Pour que la constance de cette dynamique dure et puisse nourrir l'espoir de voir le modèle changer, il est avant tout important d'agir pour soi et de gagner chaque jour de petite bataille contre soi-même, mais surtout en observant le changement.

La technique

À travers cette quête individuelle, ne pas y voir une volonté égoïste, mais plutôt un chemin, une voie que l'on trace pour les autres. Car nous l'avons abordé plus haut, vouloir agir pour le groupe, c'est vouloir agir sur quelque chose qui ne dépend pas de notre volonté et c'est s'exposer à de la frustration. Le groupe c'est une multitude de pensées, de comportements, d'histoires personnelles. Le groupe ne vous demande pas d'agir pour lui, car il est fait de multiples indépendances. C'est pourquoi la première manière d'agir pour le groupe c'est d'agir pour soi. Je l'ai dit plus haut sur l'action politique, le militantisme du quotidien c'est d'agir sans attendre l'approbation et j'ajouterai sans attendre de félicitation. Quand on veut agir pour un groupe, nous n'avons plus cette indépendance d'action sans approbation et sans attente de validation. C'est pour cela que pour durer dans le temps dans la dynamique que l'on décide de mettre en place, nous devons avant tout le faire pour nous-même. Bien souvent ce sont les résultats que nous voyons chez l'autre qui vont nous influencer pour nous mettre en action.

L'espoir c'est aussi de voir, à une plus grande échelle, l'outil technique qu'est le marketing, être utilisé pour promouvoir l'émancipation, la joie, le bien-être. Nous l'avons développé plus haut, l'outil ne veut ni le bien, ni le mal, il n'a pas d'état d'âme, c'est pourquoi il peut aussi bien être utilisé pour vendre un modèle de société destructeur à plusieurs niveaux, et nous l'avons constaté, comme il peut très bien servir à construire une société plus heureuse et en meilleure santé. L'espoir c'est que nous utilisions enfin les outils techniques dans un autre but que le profit et la rentabilité. Le marketing c'est l'outil à penser, c'est ce qui peut permettre à une foule d'adopter un comportement, pourquoi ne pas l'avoir encore utilisé pour promouvoir autre chose que ce modèle basé sur le profit ?

Nous venons de voir que l'alimentation ne se limite pas à la nourriture. Le but de cette démonstration était de montrer que nous ne voyons qu'une partie de l'iceberg quand on nous présente un produit alimentaire, que cela a des conséquences bien plus profondes et j'espère que j'ai pu contribuer à faire prendre conscience de ces conséquences en déroulant le fil du marketing alimentaire et de la réalité qualitative. Car nous l'avons vu, la qualité ne réside pas seulement dans les produits que nous consommons, mais aussi dans les comportements et les conditions de vies qui dépendent de ce marketing. C'est peut-être ainsi que nous pouvons décrypter les tenants et les aboutissants d'un produit, qui nous paraît simple au premier abord quand nous l'avons entre nos mains, mais qui raconte une histoire bien plus profonde et bien plus particulière.

Politique et Santé
Plaidoyer pour une éducation alimentaire

Plaidoyer pour une éducation alimentaire

2.1 Politique de santé

Depuis 1900 une prise de conscience sur la nécessité d'une politique alimentaire existe. Au fil des années, des mesures politiques se sont mises en place pour assurer une qualité alimentaire envers les consommateurs, ceci, dans un monde où la technique continuait sans cesse d'évoluer. Grâce à ses mesures, que cela soit : le contrôle de qualité, le suivi vétérinaire ou encore la lutte contre les fraudes et falsifications, tout cela a permis de réduire drastiquement les catastrophes de santé publique liées à l'alimentation. Après la seconde guerre mondiale, nous sommes entrés dans une nouvelle ère de l'alimentation, avec la mécanisation agricole, nous avons constaté une désertification rurale pendant que les milieux urbains grandissaient. Cela a permis de créer de nouveaux métiers autour de l'alimentation, qui comme nous l'avons vu dans le chapitre précédent, sont devenus industriels. Sur le site du Centre National de l'Alimentation, une frise relate très bien cette évolution. Le mode de consommation a aussi changé, les populations ont de moins en moins de contact avec l'aliment et avec l'élaboration du repas. A titre de comparaison, en 1950 une ménagère passait 4 heures de sa journée, à confectionner les repas entre le marché, la préparation et la cuisson, ce chiffre a été réduit à 1 heure en 1992 ! La mécanisation ne s'est pas seulement arrêtée au mode de production agricole, il a aussi gagné les industries de préparation alimentaire, qui a fourni une concentration pour trouver les produits à travers les supermarchés mais aussi un travail de plus en plus assisté pour l'élaboration des repas, jusqu'aux plats préparés. Au fil du temps le rapport à l'alimentation a changé en même temps que les mentalités.

Premier tournant sous forme de constat

Le premier tournant sera ce que nous avons appelé la « crise de la vache folle ». Pour rappel, dès 1995 nous avons eu des signalements sur la possibilité que les vaches développaient au Royaume-Unis, une maladie incurable, qui pouvait contaminer tout le troupeau et se manifester sous forme de tremblement et d'hyper-salivation de l'animal, nous apprendrons en 1996 que c'était une atteinte cérébrale appelée Encéphalopathie Spongiforme Bovine Transmissible, une maladie qui n'est issue ni d'un virus, ni d'une bactérie, mais d'un agent infectieux appelé protéine prion. Plus tard nous apprendrons que cette maladie dévastatrice était due aux farines animales, nourriture que l'on donnait aux bovins. Ces farines étaient en partie composées de viande et d'os d'animaux ayant eux-mêmes contractés une ESB et donc touché par cet agent infectieux à prion. Le phénomène ne s'est pas arrêté à la vache, puisque certaines personnes ont consommé de ces animaux infectés et ont développés ce que nous connaissons comme la maladie de Creutzfeldt-Jakob. Cette période marque un véritable tournant, car nous constatons à partir de cet instant que notre façon moderne de concevoir l'alimentation connaît des limites. Les farines animales et leur conception ont alors été pointées du doigt et déconseillées. C'est l'utilisation automatique de ces farines qui a aussi commencé à remettre en question un modèle d'élevage et modèle de production agricole intensif. Les pouvoirs publics ne pouvaient clairement pas du jour au lendemain remettre en question ce modèle, qui représentait un marché mondial. La décision politique a été de ne pas changer le modèle agricole et son industrialisation, mais plutôt d'intégré la politique alimentaire à de la prévention de santé. C'est à partir de cette époque qu'une politique de prévention à commencer à être étudié. Ceci jusqu'en 2001 et la création du Programme National Nutrition Santé.

Depuis 2001, la France à travers ce nouveau programme accès sur la nutrition et la santé, contribue à l'effort de prévention en créant des campagnes de communications tel que : 5 fruits et légumes par jour, puis le programme manger bouger.fr pour aboutir plus récemment au « nutriscore ». Nous pouvons constater aujourd'hui que l'intention était bonne, et que les résultats sont en demi-teinte. Sans ces campagnes de préventions, nous ne savons pas si la catastrophe ne serait pas plus grande sur la population. Car soyons francs, ces programmes et messages de préventions en petits caractères sur les publicités alimentaires, n'ont été qu'une façon de détourner les réels problèmes liés à l'industrialisation de l'alimentation. De la même façon les gouvernements successifs se sont reposés sur ces organismes pour se déculpabiliser de ne pas réellement prendre des mesures pour sauver le monde paysan, mais aussi la santé de la population. Ce n'est pas tant une question de pédagogie mais une question d'agir dans le sens du message. Si le message est : manger 5 fruits et légumes par jour, il est important aussi d'agir en encourageant le monde agricole à produire des produits de qualité et faire connaître au grand public d'où vient le produit, qui le cultive et inciter la jeunesse à se lancer dans ce domaine tout en expliquant le rôle majeur qu'il a pour le pays et pour la survie des gens.

Des outils de communications plutôt qu'un projet d'avenir ?

La politique a fait le pari de miser sur des organismes dont les outils de communication restent cependant très limités. Nous l'avons abordé dans le chapitre sur le marketing et nous savons à quel point il est très long et très coûteux de faire une campagne publicitaire. Les outils techniques ne manquent pas, les professionnels et experts dans le domaine de l'alimentation ne manquent pas non plus dans ces organismes publics. Pour autant nous constatons que la communication n'est pas suffisante, elle est présente, mais elle manque de cohérence. Je l'ai dit plus haut, comment un message peut-il être assimilé si l'action politique ne suit pas dans le sens ? Tous les efforts des professionnels présents dans ces organismes restent vains, si l'action politique se repose uniquement sur de la communication. Pour exemple, j'ai trouvé le site du Centre National de l'Alimentation par hasard en faisant des recherches, alors que ce type d'organisme devrait pouvoir être connu de tous. Le politique est celui qui porte la responsabilité de l'avenir d'un peuple, en matière d'alimentation cela fait plus de 100 ans que les choses se mettent en place, ce n'est donc pas un problème de ressources intellectuelles, ni un manque de financement. Car sur ce dernier point, il convient peut-être mieux de budgétiser pour faire de la prévention plutôt que de devoir gérer une catastrophe.

Aujourd'hui que voyons-nous ? Nous voyons un véritable fléau s'installer. Une tendance venue majoritairement d'outre-Atlantique, qui est l'obésité croissante de la population européenne et particulièrement chez les jeunes. Cette tendance représente un risque de santé publique pour les années à venir. Nous l'avons vu avec l'épidémie mondiale de coronavirus où les personnes avec des facteurs de risque étaient beaucoup plus exposés à des formes graves. Mais cela ne s'arrête pas au coronavirus, puisque l'obésité est un facteur aggravant dans les maladies cardiovasculaires ou dans l'exposition aux accidents vasculaires cérébrale. Le fait est que nous vivons dans une société où la politique supprime des lits et des postes de soignants, ce qui n'est pas un très bon signe pour l'avenir.

Quand nous faisons un bilan de la progression de l'obésité sur 20 ans nous avons en France une augmentation de 7 %. Les chiffres ne trompent pas, nous sommes passés de 10 %

en 2001 à 17 % en 2021 soit l'équivalent d'un Français sur cinq ! Mais le plus inquiétant c'est l'augmentation de ce pourcentage chez les jeunes de 18 à 25 ans qui en 10 ans seulement est passé de 5,4 à 9,2 soit près de 4 % d'augmentation. La politique de santé publique sur l'alimentation, par la création du PNNS a certainement limité la casse, comme nous l'avons dit, il est né d'une réflexion sur des échecs passés et ne voulait pas être pris au dépourvu comme la crise de la vache folle a pu l'être. En 2001 le signal de l'obésité était très faible, aujourd'hui il se précise un peu plus, mais nous le verrons plus loin, ce n'est pas avec des rustines que nous pouvons considérablement freiner la machine. Nous ne pouvons pas encore parler d'échec en matière de politique alimentaire, nous pouvons seulement constater que ce sont peut-être d'autres facteurs indépendants des professionnelles de santé, qui ne souhaitent pas une amélioration du système.

Lobbyisme

Inconnus du grand public, mais bien présents dans les couloirs du parlement européen, les lobbies œuvrent pour protéger les intérêts de l'industrie. Ils influencent par des promesses pécuniaires ou de carrière des politiques pour que les votes aillent dans le sens des intérêts de leur industrie ou de leurs clients.

Nous devons malheureusement constater un fait propre au système dans lequel nous vivons, les intérêts sont plus importants que la santé de tous. Les lobbies sont majoritairement des grands groupes de l'industrie alimentaire, souvent des multinationales très connues, mais parfois aussi des regroupements d'industriels sous forme de syndicats où des lobbyistes et autres cabinets de conseils. Ils usent de leur talent et de leurs réseaux, pour avoir un pouvoir sur les décisions politiques. Il arrive parfois (et peut-être un peu trop souvent à vrai dire) que des députés ou des ministres, deviennent après leur mandat des cadres dirigeants de ces groupes industriels ou de ces syndicats. Usants ainsi d'un réseau qu'ils se construisent durant leur fonction publique et qu'ils utilisent une fois dans le privé pour avoir une influence sur les décisions, cela a un nom cela s'appelle du pantouflage, mais nous pourrions tout à fait nommer cela de la corruption.

Ce type de pratique ne concerne pas que l'alimentation, nous le retrouvons maintenant dans la plupart des sujets important de notre société. Nous ne devons cependant pas mettre tous les hommes et femmes politique dans le même panier, beaucoup d'entre eux ont une réelle volonté du bien commun. Mais les lobbies ne parlent pas qu'aux élus, ils influencent aussi ceux qui peuvent avoir une influence sur les décisions. Cela peut être de hauts-fonctionnaires, comme des experts qui sont régulièrement consultés par les états. Malgré la bonne volonté que peut représenter l'organisation d'assises, de tables rondes, de « grenelle » et autres réunions pour prendre des décisions envers la collectivité, beaucoup de projets n'aboutissent pas où sont complètement vidés des mesures importantes, tant le travail de lobbying est puissant. Ces dernières années, un cran a été dépassé en voyant des entreprises de conseils privés être embauchés par les états. Comment garantir que ces entreprises privées soient dans une démarche neutre, sans conflits d'intérêt ? Ce qui paraît complètement impossible puisque le fait même que ces entreprises soient privées représente un conflit d'intérêt. Les gouvernements se sont justifiés de les consulter, parce que les hauts-fonctionnaires qui pourraient très bien faire le même travail, n'étaient pas assez formés, compétents dans des situations d'urgences. Le problème est bien là. C'est la situation d'urgence que nous devrions le plus possible éviter. Nous voyons malheureusement que ce n'est pas l'intention du système politique de faire de la prévention. Nous pouvons donc supposer que ce type de pratique n'ont pas fini d'exister, sans doute car l'intérêt est double celui de faire fructifier certaines industries, mais aussi d'assurer une carrière post-politique.

Nous voilà dans une situation qui stagne politiquement, mais qui sur le plan humain se dégrade. Pour exemple de l'exercice de ce lobbying intense, nous pouvons voir la difficulté que le « nutriscore » a eu, pour être mis en place. Les industriels devant le projet ont fait barrage, donnant même des directives aux parlementaires dans leurs amendements pour que cela leur soit profitable. Beaucoup se sont plaint de la rigidité du texte, assurant que ça allait nuire à leur produit. Mais il fallait entendre par là que cela nuirait avant tout à leur porte-monnaie et qu'ils n'avaient guère l'intention de changer quoi que ce soit dans la composition de leurs produits. C'est ainsi que nous nous retrouvons avec une coquille vide ! Qui peut imaginer qu'un produit comme du Coca-cola light se retrouve avec un « nutriscore » B sur une échelle de A à E ? A étant la meilleure note et E la plus nocive pour la santé !!!

En aucun cas, mes écrits ne doivent être pris comme une remise en cause du travail des acteurs de terrain. Bien au contraire nous devons reconnaître l'immense travail de ceux qui ont contribué à l'élaboration du site manger, bourger.fr, qui est une mine d'information sur l'alimentation et sur l'équilibre alimentaire. Mon propos ici, c'est d'exposer un constat et d'apporter une réflexion sur le système tel qu'il est, c'est en s'informant sur ces faits que nous pouvons tous ensemble réfléchir sur les enjeux de cette forme de politique. Nous pourrions désigner des responsables, mais ceux qui occupent déjà un poste à responsabilités veulent se décharger de leurs responsabilités aussi bien que les citoyens ne veulent plus assumer ou voir les leurs. Désigner une personne ou un groupe de responsable, c'est se décharger de sa propre responsabilité, cela ne permet en aucun cas de faire avancer les choses en réfléchissant sur les actions que nous pouvons nous-mêmes faire que le système puisse évoluer. Le système est ainsi, car nous avons peut-être abandonné la responsabilité qui nous incombe et la souveraineté de notre confort à d'autres. Nous nous sommes peut-être bercé d'illusion, en pensant que les politiques étaient des personnes au-dessus des autres, ce qui est vrai pour le pouvoir qu'ils ont, mais qui est totalement faux sur le plan humain. Nous devons prendre en considération que le pouvoir s'exerce par des humains, ce qui comporte tous les risques de dérives psychologiques qu'un humain acquérant un pouvoir sur les autres peut avoir.

Ce dernier volet nous permet d'aborder l'industrie et la politique, car il serait bien trop facile de croire nommer l'industrie comme unique responsable des catastrophes sur la santé et sur l'environnement. Dans ce qui suit nous allons tenter de comprendre ce qui pousse les industriels dans ce système et comment en arrivent-ils à avoir un pouvoir d'influence sur la politique.

Au niveau industriel

La naissance de l'industrie agro-alimentaire est assez récente au point de vue de l'histoire. Puisque l'industrie, comme nous l'avons abordé dans le chapitre précédent n'a vraiment commencé à émerger qu'à partir du XIXe siècle, l'agriculture dans sa production industrielle n'a quant à elle commencé qu'après la seconde guerre mondiale. L'industrie implique une mécanisation et une production de masse c'est donc un phénomène que nous pouvons plutôt observer à l'ère moderne.

Nous l'avons déjà abordé, le fait que l'agriculture se soit mécanisée pour produire en masse a aussi vu une désertification rurale, qui s'est transformée en agrandissement de milieux urbains avec la création de métier et d'industrie qui allaient avec. Les concentrations de personnes, le besoin de relancer les marchés économiques, ont aussi contribué à industrialiser l'alimentation. Cela comprend autant les usines de préparation et de transformation, que les usines de distributions alimentaire. Nous avons donc vu des entreprises se créer pour fabriquer ce que l'individu faisait lui-même, comme les usines de conserves de fruits, de légumes, mais aussi des entreprises qui ont industrialisé des domaines artisanaux comme les usines de viandes, de poissons, de pains. Dans cette logique de production de masse s'est créé aussi la distribution de masse comme les groupes de supermarchés, qui eux-mêmes se sont regroupés pour créer des centrales d'achats. Tout cela, de l'agriculture aux métiers artisanaux industrialisés, s'est créé en une cinquantaine d'années et représente l'industrie alimentaire, ce qui a représenté une véritable révolution pour le consommateur.

Nous l'avons vu plus haut, cette révolution c'est le gain de temps que cela a pu représenter pour les consommateurs, mais aussi la disponibilité des produits par une surproduction et par une ouverture au marché mondial. La surproduction était avant tout le gage de faire partie d'un marché commun au niveau européen. Quand nous n'étions que 6 dans l'union européenne, la volonté politique des années 60 était de commercer avec nos voisins, parce que nous étions un des pays les plus productifs en terme agricole. Quand l'Allemagne ne consommait que 1/3 de ses productions, elle était obligée d'importer le reste, la France quant à elle avait une plus grande souveraineté agroalimentaire, ce qui lui permettait de rentrer dans une démarche exportatrice. Nous l'avons constaté par la suite, ce marché ne s'est pas arrêté aux frontières de l'Europe, il a conquis au fil du temps l'Ouest et l'Est du monde. C'est d'ailleurs sans doute, ce dernier point qui fait que nous avons connu par la suite une dégringolade sur notre souveraineté alimentaire. Notre savoir faire s'est exporté avec notamment la viticulture qui a gagné les terres américaines, mais aussi la production de certains de nos fromages dans d'autres pays avec l'isolation des micro-organismes pour leurs réplications. Nos usines de production se sont délocalisées pour embaucher des personnes dans des zones d'Europe où les salaires sont plus bas. C'est la rentabilité qui a pris le dessus sur l'humain et sur l'identité productive. Le constat est d'autant plus amer, que nous nous apercevons aujourd'hui de notre dépendance alimentaire, après le conflit de 2022 entre la Russie et l'Ukraine. Nous payons un lourd tribut que d'avoir favorisé un confort alimentaire sur l'importation à faible revenu de production. Nos politiques n'ont alors plus que des mesures d'urgence à proposer à défaut de n'avoir rien fait pour protéger une souveraineté alimentaire en obligeant les entreprises et les productions à rester sur le territoire par exemple, pour les personnes vivant sur le territoire avant tout. Ces derniers mots ont des accents de protectionnisme, c'est pourtant ce manque de protection qui nous menace aujourd'hui de famine dans des pays dit « riches ». L'aventure industrielle de l'alimentation a pris une telle ampleur tant au niveau de l'agriculture, qu'au niveau de la préparation de repas que la plupart des entreprises nationales sont devenus des multinationales, des groupes gérer à l'étranger et dont les intérêts financiers sont énormes. Nous le voyons très bien avec des groupes comme Coca-Cola, Mondelez ou encore Nestlé. Dans une grande surface la plupart des produits proposé font partie d'un grand groupe. Et qui dit grand groupe, dit actionnariat, ce qui représente un pouvoir financier et donc un besoin d'influence sur les décisions politiques.

Ces groupes représentent dans l'économie d'un pays des milliards d'euros de chiffres, que cela soit par leur contribution dans l'imposition des sociétés mais aussi et surtout sur le marché de l'emploi. Selon les chiffres de l'association nationale des industries alimentaires, le secteur est le 1er employeur de France ! C'est pourquoi les politiques ne peuvent qu'être très complaisants avec ces groupes.

Pour terminer cette longue définition de l'industrie agroalimentaire, en France, leur but est clair créer toujours plus d'emploi dans la filière et regagner en compétitivité mondiale. Bien évidemment, nous sommes toujours dans un esprit de productivité puisque c'est comme je l'ai déjà dit, la nature même de l'industrie que de vouloir servir les masses.

Cette course à la productivité présente néanmoins des inconvénients que nous allons développer dans ce qui suit.

Un système dont la qualité est la première victime

L'industrie agro-alimentaire représente un marché rude où la concurrence peut du jour au lendemain faire perdre des millions et nuire à l'emploi de milliers de salariés. Pour cela les industriels ont fait un choix, très discutable, depuis plusieurs années c'est celui de la qualité. Les politiques n'y voient rien à y dire pour les raisons économiques que nous avons développées plus haut. Bien au contraire les politiques eux ne veulent voir que le résultat sur l'économie et se soucient peu des techniques mises en place pour y arriver, jusqu'au jour où un scandale sanitaire éclate.

Plaidoyer pour une éducation alimentaire

Il serait malencontreux de mettre tout le monde dans le même panier. Beaucoup d'industriels de l'agro-alimentaire sont consciencieux de la qualité des produits qui composent les denrées qu'ils produisent ou distribuent, certains se sont fixés des chartes de qualité, nous ne pouvons jamais être sûrs si c'est un simple élément de communication ou une ligne de conduite strictement suivie, ce doute persiste à cause du prix inchangés. Pour les autres qui ne communiquent pas du tout sur cela, ce n'est pas pour autant une question de ne pas vouloir faire de la qualité, mais de tirer les prix le plus bas possible pour un maximum de rentabilité. Malheureusement tant ceux qui communiquent sur la qualité que ceux qui ne le font pas , n'ont pas d'énormes différences dans le prix de ventes. Pourquoi cela ? Nous devons différencier deux monde dans le milieu de l'agro-alimentaire, celui de la production et celui de la distribution. Nous l'avons vu le monde de la production peut autant être composé de petit producteur, que de multinationales. C'est exactement la même chose dans le monde de la distribution alimentaire, nous avons de petits distributeurs souvent indépendant, puis nous avons des grands distributeurs regroupés en centrales d'achat, qui au début étaient nationales et maintenant qui sont Européennes ! Ces groupes de la grande distribution sont des terrains de guerre commerciale, pour entrer dans ce marché la première exigence est d'être compétitif en proposant les marges les plus basses pour le producteur. Cette dépendance est automatique, puisque sans ces sacrifices pas de ventes et donc peu de chance de rentrer sur le circuit européen. Ce qui peut mettre en péril des emplois mais aussi des produits fabriqués en masses qui vont se gaspiller et ne rien rapporter du tout. Ce sont d'infâmes chantages, dans une organisation quasi mafieuse qui se mettent en place et qui, à terme, auront bien souvent des conséquences sur la qualité du produit. Le premier objectif de la grande distribution c'est la rentabilité par rapport à la marge qu'elle va pouvoir tirer d'un produit. Ce qui se passe avant c'est-à-dire tout le travail de production ou après par rapport à la santé des consommateurs comme l'obésité, le diabète, les maladies cardio-vasculaires, etc. liés à une mauvaise qualité des produits à long terme, la grande distribution et la plupart des réseaux de distribution en général, n'en ont rien à faire. Nous sommes là dans une vision technique des choses, le producteur utilise des ingrédients peu importe d'où ils viennent et leur qualité, peu importe ce qu'ils risquent de provoquer dans la consommation à long terme, l'important réside dans la production de masse pour obtenir une rentabilité. De même la distribution vend des produits peu importe leur qualité nutritive ou le mode de production, peu importe les conséquences sur la société, l'important réside dans l'achat au plus bas prix et la revente avec la meilleure marge. Quand la distribution parle de qualité à bas prix, ce n'est qu'un argument marketing. Les industriels pour garder leur place sur le marché sont alors pris dans un engrenage à la rentabilité. Comme nous l'avons dit la plupart des grandes enseignes de distribution se sont regroupées en centrales d'achat au niveau européen. Un produit français peut donc se retrouver très facilement distribué dans des dizaines de milliers de magasins, en Allemagne, en Italie, en Espagne, en Hongrie et inversement. Un documentaire passé sur la chaîne Arte, expliquait que ces centrales d'achats faisaient peser de lourdes « contributions » financières aux industriels de la production, pouvant aller jusqu'à des centaines de milliers d'euros par mois, pour que ces centrales continuent de distribuer les marques dans les diverses enseignes. Cela s'appelle les accords internationaux. En connaissance de tous ces points nous pouvons comprendre pourquoi en bout de chaîne, c'est la qualité des produits et l'impact sur la santé des populations qui vont en pâtir.

Le prix de la qualité

La qualité c'est le résultat d'une technicité et d'un temps consacré. Sans ces deux principales conditions, aucune qualité ne peut clairement être évoqué. Comprenons bien, le résultat technique peut présenter plusieurs versions, ce qui va dépendre de ces versions c'est le temps que l'on va y consacrer, les moyens financiers et techniques que l'on va leur donner. Le but de la qualité c'est de se rapprocher le plus possible de la perfection, ce qui pourrait se traduire par l'excellence. La qualité a donc un prix, parce qu'elle demande du travail, du temps et de l'effort humain par l'utilisation de techniques. La production de masse ne favorise pas le travail humain pour des raisons économiques, c'est pourquoi pour atteindre les objectifs de rentabilité nous voyons des chaînes de productions qui ont remplacé des centaines de salariés par des robots. Cette mécanisation relègue peu à peu des centaines de personnes qui faisaient fonctionner ces chaînes par une dizaine qui n'ont plus qu'un travail de maintenance. La machine devient un outil de rentabilité et de production infaillible, là où le l'humain est irrégulier, commet des erreurs, doit respecter des heures de travail et a un coût beaucoup trop élevé dans le temps.

Plaidoyer pour une éducation alimentaire

La machine n'enlève rien à la qualité de l'exécution, bien au contraire, elle est le résultat technique qui va fournir le travail sans effort. La machine est réglée, calibrée, automatisée, elle va par exemple, touiller une sauce pendant 15 minutes avec un nombre de rotation déterminée, à une vitesse déterminée, à intervalle déterminé, là où l'humain pouvait plus ou moins dépasser ces délais avec un tour de main irrégulier. En quelque sorte elle va avoir le geste parfait, encore et encore, son résultat est prévisible, sûr et certain. Par contre la machine, ne peut pas toujours faire la différence entre un ingrédient de qualité nutritive et un qui l'est moins, si celle-ci n'est pas dotée d'une intelligence artificielle. Ce n'est pas elle qui va choisir d'où viennent les ingrédients, son rôle va rester de l'ordre technique, de celui de l'exécutant d'une tâche. Dans l'industrie de production alimentaire il n'y a aucune place pour l'improvisation, toutes les recettes se décident en bureau, souvent avec des calculs savants, la pointe de ceci ou de cela doit être millimétré, pesée au centième de gramme près. C'est toute la différence avec l'artisanat, car c'était par l'erreur de temps, de dosage, une erreur souvent humaine qu'une sauce était plus ou moins cuite, sucrée ou acide en plus de la qualité des produits, mais aussi que des recettes sont nées. Un robot sera-t-il capable un jour d'erreur pour créer par un heureux hasard une recette exceptionnelle ? Pour reprendre ce que j'ai dit plus haut, le chemin semble se dessiner dans ce sens avec l'avènement de l'intelligence artificielle. Celle-ci ne créera pas par un heureux hasard mais par la combinaison de données récupérer dans les expériences passées, des critères de plaisir répertoriés au travers de statistiques, etc. Une création robotique basée sur des algorithmes, c'est le futur que certains veulent voir venir.

La qualité a un prix parce que nous vivons dans un système monétaire où tout doit avoir un prix y compris le travail humain.

Les matières premières ont un coût parce qu'elles font partie d'un marché, elles sont maintenant conditionnées pour appartenir à des groupes restreints de personnes. Quand ce que la nature pouvait proposer gratuitement devient la propriété d'un groupe agrochimique, nous sommes bien, là, dans un marché. Pour illustrer cet exemple, la plupart des graines sont aujourd'hui brevetées, elles sont mêmes réglementées par des lois au niveau européen, certaines ne pouvant plus être utilisées par rapport à ces fameux brevets et ce travail de lobbying fomenté par les entreprises agrochimiques. Nous le voyons donc la qualité ne se limite pas au travail humain mais aussi par rapport à des réglementations régies par des influences politico-industrielles. A cela nous devons aussi inclure des influences environnementales, comme la qualité de l'eau, du sol et du climat. Reprenons un instant l'exemple de la sauce, que j'ai cité un peu plus haut. Si c'est une sauce tomate, les tomates n'ont pas le même prix en fonction de leur provenance, de leur espèce/variété, de leur saison, de la façon dont elles ont été cultivées (nature du terrain, eau, exposition au soleil, nutriments apportés par le sol et/ou par l'homme, etc.) L'exemple d'une simple tomate peut déjà nous faire comprendre que les conditions dans lesquelles elle a été cultivée va avoir un coût . Nous savons que la tomate est un fruit de saison, pourtant nous en retrouvons maintenant toute l'année sur les étals des magasins. Pour être plus précis ce ne sont pas toutes les variétés de tomates, mais une variété en particulier que l'on va retrouver à l'année, à savoir la tomate grappe. La raison de ce choix de variété rentre parfaitement dans la logique industrielle, puisque c'est celle qui a le meilleur rendement. Comprendre, une fois de plus, que ce n'est pas tant la qualité gustative ou nutritive qui va faire que l'on choisit une variété plutôt qu'une autre, mais la rentabilité. A titre comparatif la valeur nutritionnelle de la variété cœur de bœuf présentent sur certains point de meilleures aspects ainsi qu'une saveur un peu plus agréable, mais elle est moins rentable, car moins productive et c'est assez malheureux à dire elle rebute le consommateur par son aspect physique… La tomate étant un fruit de saison, qui est mûre à point en été, nous la retrouvons pourtant à longueur d'année dans le commerce, il nous faut donc comprendre d'où viennent ces tomates. La première piste c'est qu'elles sont produites dans les pays du sud, comme l'Espagne ou le Maroc où les températures leur sont plus longtemps favorables. Cela n'empêche pas pour autant qu'elles soient gavées de produits chimiques pour arriver à un calibre acceptable, dans des temps records. Mais la nouvelle tendance, c'est celle de pouvoir produire en France, en métropole, en particulier pour les tomates où la plus grande production se fait en Bretagne ! Ce sont la plupart du temps des fruits cultivés sous serres, sous température artificielle mais aussi en hydroponie, cela veut dire que la plante n'a pas de terre pour ses racines ou très peu, elle est alimentée par un liquide composé d'eau et de nutriments donc par un apport artificiel.

Que valent ces produits ? En termes de rentabilité et de productivité ils sont extraordinaires, très peu de perte, pas d'attaques parasitaires ou d'insecte, une pousse maîtrisée et une récolte assurée, ils remplissent tous les critères de ce que la technique exige, c'est-à-dire une prévisibilité, une normalisation par un résultat identique et un automatisme dans les rotations. Sur l'apport nutritif, les chimistes diront que tout est réuni pour avoir le même qu'une tomate ayant poussé en terre, et ils auront raison, car les analyses scientifiques feront cocher toutes les cases de ce qui est recherché par études comparatives sur l'apport vitaminique, etc. Mais, bien que sur le papier tous les éléments sont réunis, nous pouvons trouver quelques objections, que la machine ne peut pas encore apporter. Dans ce type de plantes, l'artifice a tellement remplacé le rôle de la nature, que nous oublions un point essentiel pour l'humain : le goût. La particularité d'un produit qui grandit dans un environnement particulier et va donner, apporter ce qu'aucun ordinateur au monde à part le cerveau humain peut détecter. Cette particularité, c'est le terroir, que j'ai déjà abordé dans un autre ouvrage et esquissé un peu plus haut, quand je parlais de climat, de sol, mais aussi de micro-organismes présents dans certaines régions. Une cerise est une cerise, mais bien qu'elle soit de la même variété elle n'aura pas le même goût qu'elle mûrisse à Lille ou à Bordeaux. Il en va de même pour les tomates, mais aussi pour tous les autres fruits et légumes, qui vont avoir des formes et des goûts différents, sculptés en fonction du terroir dans lequel ils évoluent.

Cependant il est nécessaire de considérer certains points. Ici le but n'est pas d'être pour ou contre l'outil technique que représente l'hydroponie, en effet, il serait malvenu, voir absurde de prendre parti pour un outil. Ce que nous pouvons critiquer c'est l'efficacité d'un outil, dans le cas de l'hydroponie, son efficacité est remarquable, nous devons comprendre que ce type de technique représente une possibilité de cultiver les fruits et les légumes dans n'importe quel type de milieu, ce que bien souvent nous ne pouvons pas faire de manière classique. Car l'enjeu est là aujourd'hui, combien existera-t-il encore de milieu adapté aux cultures classiques dans un proche avenir ? Ce que nous pouvons reprocher à l'hydroponie c'est le besoin d'apports artificiels qui ne vont pas forcément apporter une singularité au produit final. Nous pouvons le regretter, car l'outil en lui-même est plus que prometteur, c'est peut-être là des points d'amélioration qui pourront y être apportés. Ce que nous pouvons regretter c'est le profit qui est tiré de cet outil et l'automatisme qu'il peut prendre chez les industriels, préférant avoir recours à cette solution de force majeure plutôt que d'appuyer de leur pouvoir pour une sauvegarde de l'environnement et de la culture classique. Là n'est pas leur combat me direz-vous, mais de qui est-ce le combat ? Les entreprises de l'agro-alimentaire, prennent aujourd'hui conscience du désastre environnementale, qu'ils ont contribué à creuser par leur exploitation des sols, doivent-ils pour autant fuir leurs responsabilités en utilisant de nouveaux outils sans contribuer à réparer leurs erreurs ? Beaucoup se plaignent aujourd'hui de ne pas pouvoir s'implanter et produire à leur aise à cause de mesures écocides, faut-il en arriver là pour que les industries comprennent leurs responsabilités ? Leurs plaintes sont leur réponse, ils ne voient pas pourquoi ils devraient payer pour ceux qui n'ont pas été corrects, c'est là, la réponse des gouvernements à une prise de conscience sur l'état environnemental. L'industrie doit pouvoir continuer à produire, mais elle doit prendre sa part de responsabilité dans l'effort collectif pour sauver le milieu où nous vivons tous.

Pour conclure ce passage sur la politique alimentaire et l'industrie, nous pouvons dire que le problème de fond n'est pas l'industrialisation, le problème c'est le modèle, c'est la ligne qu'un pays se donne. Quand on croit en une idéologie, que l'on donne une directive en mettant tous nos œufs dans le même panier, nous nous exposons à de nombreuses difficultés. Premièrement le jour où l'unique système s'effondre, tout s'effondre et c'est la catastrophe assurée. Deuxièmement relever le défi de nourrir tout le monde avec un unique système, c'est prendre le risque de voir beaucoup de personnes ne pas pouvoir se nourrir du tout. Quand le système de distribution est défaillant (non réapprovisionnement, absence de supermarché, absence de réseau électrique pour conserver les aliments, etc.), mais aussi parce que l'unique système va fixer les prix d'un marché que tous ne pourront pas s'offrir. Troisièmement, comme nous l'avons évoqué, l'industrialisation présente le risque d'avoir de nombreuse nuisance sur l'environnement, sans que cela n'inquiète plus que cela les entreprises qui, dans une logique productiviste et de rentabilité préfèrent changer d'outils techniques pour continuer la course plutôt que de remettre en question le modèle et ses conséquences. L'industrialisation présente beaucoup d'avantage comme beaucoup d'inconvénient, c'est pourquoi le politique doit apporter et promouvoir plus de solutions pour le bien du peuple.

Les conséquences sur la santé

Nous l'avons évoqué au début du chapitre, voilà maintenant une centaine d'années que des mesures pour le contrôle alimentaire et sanitaire sont mis en place. Au fil des années, les recherches et les protocoles sanitaires se sont améliorés en grande partie grâce aux avancées techniques. Envoyer des humains dans l'espace, impliquait de faire le nécessaire pour assurer leur santé à des milliers de kilomètres de la Terre. C'est ainsi que le protocole HACCP est né, puis s'est appliqué dans l'ensemble de l'industrie agro-alimentaire, restaurants compris. Pour expliquer brièvement, le HACCP, acronyme de « Hazard Analysis Critical Control Points » c'est un ensemble de points de contrôle pour assurer une sécurité alimentaire. La connaissance de ce protocole est aujourd'hui un passage obligatoire pour quiconque souhaite ouvrir un commerce ou une industrie alimentaire. La connaissance bien souvent ne suffit pas, si elle n'est pas appliquée. C'est pourquoi les autorités de contrôle sanitaire et vétérinaire veillent, par leur visite surprise au maintien de ces règles. Malheureusement, il y a plus de commerce et d'industrie qu'il n'y a de fonctionnaire pouvant effectuer ces contrôles, ces visites qui demandent du temps en fonction de la taille des bâtiments. Nous jouons donc sur la confiance et sur la formation de certains employés de ces industries à travers le CHSCT (Comité d'Hygiène Sécurité et Condition de Travail). La création de tout ces protocoles, postes, comités montrent leur efficacité, cela dit, nous ne sommes pas à l'abri d'accidents industriels qui peuvent avoir de graves répercussions sur les consommateurs. Nous le voyons notamment avec des rappels fréquents de produit exposé à des produits chimiques ou à des micro-organismes comme la salmonelle ou la bactérie E.Coli. C'est malheureusement souvent le fait que les consommateurs subissent un effet grave sur leur santé, qui va déclencher le contrôle sanitaire. Et souvent, le résultat du contrôle est catastrophique. Les industries ont beau avoir les machines les plus sophistiquées, l'hygiène de celles-ci n'est pas toujours au rendez-vous. Pourquoi ? Tout simplement, car les rotations de production s'enchaînent, que le personnel n'est pas toujours correctement formé et que le but c'est de produire les commandes le plus rapidement possible, tout cela aux dépends de la santé du consommateur, mais aussi de la sécurité de l'employé et de la pérennité de l'entreprise. Les machines non nettoyées, les aliments présents aux sols représentent des risques de chutes ou de blessures pour les salariés, des risques de développement microbien dangereux pour le consommateur et des risques de sanction pour l'entreprise qui peut se voir fermer par les autorités. Tout cela n'est pas toujours médiatisé, mais nous devons savoir que des contrôles et des sanctions ont lieu chaque jour. Les pouvoirs politiques ont mis en place des services qui fonctionnent, qui malheureusement ne sont pas assez nombreux pour pouvoir assurer des contrôles plus fréquents, mais qui restent pour l'instant la meilleure solution à ce système industrialisé de l'alimentation. Là où les contrôles et la politique n'agissent pas c'est sur les conséquences des recettes des produits.

Une des conséquences majeures de ce système de productivité, de rentabilité sur la santé de la population c'est l'augmentation constante de l'obésité. Sur ce point certaines personnalités politiques commencent à s'apercevoir de cette augmentation et du lien avec le modèle industriel de l'alimentation.

Le constat commence à se faire que le programme 5 fruits et légumes par jour, n'est pas accessible à tous, que les mentions légales dans un marketing forcené fait autour des produits gras, sucrés, salés, ne fonctionne pas du tout et aussi que la politique industrielle de l'alimentation commence à avoir ses limites. Constat est fait que la santé des Français ne peut se faire avec de simples mentions en petit caractère sur les supports publicitaires. Car rien n'oblige l'industriel à écrire le message de prévention en gros, il respecte la loi en faisant part du message de prévention, le texte de loi ne précise pas la taille du texte. Constat est fait que les Français ne sont pas en bonne santé et en particulier les populations jeunes.

Nous l'avons vu avec l'épisode de Covid, chez les personnes les plus jeunes ayant eu des formes graves se sont en grande partie des personnes avec comme principale comorbidité l'obésité ou le surpoids. Mais cela ne s'arrête pas au coronavirus, comme nous l'avons dit plus haut l'obésité, le surpoids et la mauvaise alimentation sont responsables des deux plus grands fléaux de notre société que sont le cancer et les maladies cardiovasculaires.

Dès le plus jeune âge, ce sont des habitudes alimentaires délétères qui sont inculquées aux enfants. La plupart des produits stars chez les petits sont des bombes de sucre et cela passe pour commencer par les céréales vantées pour un « petit-déjeuner sain et équilibré » par de nombreux nutritionnistes jusqu'aux boissons du goûter. Dans une journée la quantité de sucre consommée par les enfants est largement dépassée par rapport aux recommandations. Sur une journée type, le petit-déjeuner commence avec des céréales et/ou un jus de fruit, puis vient la collation de milieu de matinée souvent un biscuit industriel aromatisé, puis le repas de midi avec du pain et un dessert, puis la collation de fin de journée cela peut être une brioche ou goûter industriel ou même des bonbons accompagné d'une boisson sucrée et enfin le repas du soir avec pain et dessert souvent industriel. Cette omniprésence, du matin au soir,

Plaidoyer pour une éducation alimentaire

de produits industriels dans l'alimentation des enfants et des adultes, a pour conséquence une exposition longue non seulement au sucre, mais aussi à tous les additifs chimiques que nous avons décrits plus haut pour exhausser le goût ou pour combler les manques dus à des ingrédients de faibles qualités. Cette exposition longue n'est pas seulement un vecteur d'obésité, mais aussi de problèmes endocriniens.

Comment ne pas réaliser que nous nous dirigeons vers un problème majeur de société ? Nous voyons des enfants faire confiance à une industrie, qui leur offre un plaisir sucré constant, mais qui fini par se répercuter à travers des maladies métaboliques. Ces mêmes enfants deviendront des adultes aveuglés par une confiance dans des produits fabriqués à la chaîne et aux compositions de plus en plus complexes. Constat que nous pouvons tous faire en regardant la composition des produits issue d'une production industrielle qui, n'hésitant pas à surfer sur les modes alimentaires, propose à présent des produits Végans. Ceux-ci sont peut-être les pires en matière de compositions entre les exhausteurs et les farines utilisées pour obtenir le résultat. Ces composés de plus en plus complexes, agrémentés de matières grasses non-assimilables par l'organisme humain, de sucre et de sel, nous fait constater de plus en plus de cholestérol, de diabète et de surpoids chez les pré-adolescent. Ces derniers qui n'ont pas fini leur croissance et vont ainsi abîmer leur structure osseuse encore en formation et fatiguer leurs muscles par un excès de poids et le premier d'entre tous étant le myocarde. Ne nous arrêtons pas dans la description des risques de cette mauvaise alimentation, car nous devons aussi parler de la surcharge hépatique que ce sucre provoque, de la fatigue rénale, de l'impact sur la vue et enfin sur le cerveau. Au niveau cérébral, le sucre est nécessaire mais tout excès fini par créer une oxydation. Sans compter la dépendance psychologique qui se crée au fil du temps envers le goût sucré et même envers les aliments gras ou salé.

Comme nous l'avons précisé plus haut, l'industrie alimentaire, ce n'est pas seulement les usines de productions et les dérives que nous avons longuement décrites, c'est aussi un programme agricole qui se veut productif et intensif, ce qui a pour conséquence l'utilisation de produits chimiques. Nous rentrerons plus en détails dans le chapitre sur l'agriculture, cependant il est important de comprendre que des mesures politiques ont eu pour conséquences des problèmes de santé publique, notamment avec l'utilisation de certains pesticides. Les Antilles françaises en ont d'ailleurs largement fait les frais, avec l'utilisation de Chlordécone, un produit utilisé dans les bananeraies, interdit dès les années 70 aux États-Unis, mais que la France a continué d'autoriser jusque dans les années 90 ! Ce qui a eu des conséquences terribles sur les populations vivant sur place avec notamment de nombreux cancers, mais aussi la présence encore actuelle de Chlordécone dans le sang des Antillais. Le problème se répète, nous savons notamment que le glyphosate, un herbicide, est dangereux pour la santé de l'utilisateur mais aussi pour les consommateurs et pour les sols, que des lois ont commencé à être discutées, puis votées, mais que l'application n'aura certainement lieu que quand les stocks seront écoulés. Nous ne sommes pas ici pour faire l'apologie de l'agriculture biologique, cependant nous devons constater que même au sein des matières premières, leur mode de culture, dépends fortement de l'intention commerciale de celui qui les cultive. Car rappelons-le pour rentrer dans un marché mondial, il faut être compétitif et donc produire en masse. Cela a des conséquences sur le consommateur, sur l'environnement mais aussi sur la santé de celui qui produit. Là encore le politique ferme les yeux, tant que les chiffres parlent dans le bon sens de l'économie. Cependant, le modèle de production de masse ne peut subsister que si la population est en santé, c'est là, toute la difficulté du politique. Doit-il continuer dans le modèle sans se soucier de la santé de la population ? Doit-il agir en prévention ?

Notre société depuis plusieurs années, voit son système de santé se dégrader par la fermeture d'établissements, par le manque de vocations en médecine et dans les soins, par le vieillissement de la population et en particulier des personnels médicaux, par une volonté politique de faire des économies sur la santé publique. Tous ces points font que nous connaissons des bouleversements inquiétant quant à la prise en charge hospitalière, et l'épidémie de covid nous l'a confirmé, mais aussi en matière de suivi médical rendu de plus en plus difficile, par la diminution du nombre de médecin de ville. L'augmentation de désert médicaux en milieu rural mais aussi dans les métropoles, le cursus de formation de nouveaux médecins qui deviennent de plus en plus des techniciens ne pouvant exercer que dans un milieu entouré de technologie, cela n'enlève rien à leurs compétences seulement ils manquent d'armes et de temps pour augmenter leur connaissance. Tout ceci peut nous faire craindre une catastrophe de santé publique dans les années à venir. Ces dernières années, et particulièrement depuis 2020, ont mis en lumière le système de la médecine moderne. Une médecine devenue technique dans un monde technicisé où l'humain est réduit à une donnée et où l'expérience du praticien doit être remplacé par les études et preuves scientifiques. La médecine ne déroge pas à la règle idéologique quand les gouvernants, accompagnés des laboratoires pharmaceutiques, prônent la médecine allopathique comme seul et unique outil pour prendre en charge la santé. Une fois de plus, nous pouvons constater cette volonté de vouloir mettre tous les œufs dans le même panier, ce qui peut expliquer que le système a été fortement fragilisé et qu'il ne manquait pas grand-chose pour qu'il s'effondre. Pour revenir un instant sur le cursus des futurs médecins, des conflits d'intérêts majeurs risquent de se créer, car nous avons pu constater la présence des laboratoires dès l'université ainsi que dans la recherche à travers leurs investissements et leur passage quasi obligatoire pour financer les études. Une relation entre l'étudiant et les laboratoires est quasiment nécessaire, si celui-ci veut faire connaître l'objet de ses recherches et s'assurer des revenus supplémentaires. La conséquence de ce conflit c'est que nous voyons la médecine de terrain disparaître, pour laisser la place à une médecine axée dans une technique pure, avec des praticiens biaisés dans leur diagnostique et dans leur traitement, refusant de s'ouvrir à d'autres techniques que celles que les laboratoires leur ont inculqué. Pour ceux qui s'y sont intéressé nous avons déjà vu quelques manipulations que les laboratoires ont pu faire dans la création de certaines pathologies, l'expérience ayant fonctionné avec la complaisance de certains médecins et syndicats de médecins. Nous pouvons craindre de la mise sur le marché de médicaments qui « soigneront » des pathologies inventées comme cela a été le cas pour l'hyperactivité. Nous aborderons tous ces points dans le chapitre suivant consacré à la médecine, car il est plus qu'important que nous ayons une réflexion sur celle-ci et notamment sur l'articulation souhaitable qu'elle devrait prendre. En ouvrant par exemple le champ des possibles, ce qui passerait par une combinaison des diverses disciplines de médecine qu'elle soit douce, ancestrales ou moderne et si celles-ci ne font pas cet effort d'elles-mêmes que se soit le patient qui le fasse par un travail de pédagogie sur les bénéfices de chacune de ces médecines.

Nous pâtissons aujourd'hui de ces multiples conflits d'intérêts politiques et industriels, qui pensent profit plutôt qu'intérêt commun. Ainsi va la société de consommation qui fini par déshumaniser le consommateur. Un consommateur meurt, un autre naît. L'humain devient un objet sur lequel on spécule, combien de temps peut-il rester en santé malgré les multiples façon de le détruire et si malgré tout, ça ne suffit pas, le marché n'hésitera pas à changer la définition de la santé, faisant passer un individu sain de corps et d'esprit, pour un fou ou pour quelqu'un qui pourrait être encore plus ou encore mieux en santé, car il a une maladie incurable qui se nomme la vie.

Ce que nous pouvons faire

Ce long constat nous permet de mesurer les tenants et les aboutissants de la situation. Tout n'est pas parfait, mais tout n'est pas à jeter. Notre réflexion porte maintenant sur ce que nous pouvons faire en ayant connaissance de ces points. Nous pourrions rester dans le constat et continuer à dénoncer les dérives du système, dans ce cas nous verrions la situation continuer dans la tendance consumériste et destructrice à une vitesse plus ou moins rapide. Nous pourrions aussi essayer d'infléchir la tendance, c'est-à-dire prendre en considération ce qui fonctionne de ce qui ne fonctionne pas et donner une autre direction. Vous l'aurez compris, il y a beaucoup plus de choses à faire si nous prenons le choix de l'infléchissement. Prendre cette direction implique de passer à l'action, mais pour autant le choix stratégique doit aussi changer. Ce sont les initiatives qui peuvent faire changer les choses.

Plaidoyer pour une éducation alimentaire

Nous avons tous, à notre niveau, cette force d'initiative. Pour ma part j'y contribue modestement en partageant ma réflexion, en apportant des clés de lecture sur le sujet de l'alimentation que j'estime capital. Puis je pense que c'est aussi et surtout à travers un travail de pédagogie directement sur le terrain, que cela soit à travers des conférences ou à travers des accompagnements personnels ou encore des actions associatives.

Les politiques ont une responsabilité, nous l'avons vu, depuis des années, ils ont engagé une action de santé publique en faisant appel à des acteurs de terrain qui essayent du mieux qu'ils peuvent d'alerter sur le sujet. Mais devons-nous pour autant, confier ce sujet uniquement aux hommes et aux femmes politiques, à ces acteurs de terrain ? Nous avons tous un pouvoir d'action, mais celui-ci ne peut se mettre en place que par une prise de conscience. À travers ce livre, comme à travers le précédent, mon but est d'apporter la réflexion pour cette prise de conscience. Nous ne pouvons plus attendre que le pouvoir politique fasse quelque chose pour nous. Nous ne pouvons plus nous permettre de confier notre confort dans les mains d'un seul petit groupe à qui on donne les pleins pouvoirs. Il est plus que nécessaire de créer le monde que nous souhaitons à notre échelle. Rien ne sert de vouloir généraliser à une ville, une région, un pays ou au monde, si nous ne commençons pas par nous-mêmes. Les idées sont multiples, cela va d'un changement de comportement dans notre façon de consommer, de préparer nos repas, de nous nourrir, à la création de mouvements, d'associations locales qui travailleraient en étroite collaboration, par exemple, avec les mairies ou avec nos voisins pour faire de la pédagogie alimentaire sans conflits ou liens d'intérêts. Ce type de mouvements associatifs existent déjà, nous pouvons dans un premier temps nous rapprocher d'eux. Certains vont même plus loin et ouvrent des portes à des jeunes en difficulté, en Allemagne par exemple, il existe des associations qui aident les jeunes handicapés, à apprendre les métiers de la nature et à l'issue de cette formation ils ont le choix entre partir dans un emploi dans une société ou continuer en milieu associatif. Nous pouvons aussi consommer différemment en nous rapprochant d'acteurs locaux de l'alimentation, il existe de nombreuses structures comme les Associations pour le Maintient d'une Agriculture Paysanne (AMAP) et autres coopératives agricoles qui contribuent à la distribution de produits locaux. Nous pouvons aussi favoriser les petits commerces ou supérettes indépendantes, qui de plus en plus sont soumis à cette loi de marché de prendre en gros, parce que le marché ne voit la distribution que de cette manière. C'est en favorisant les circuits courts que nous pouvons à notre niveau avoir une influence sur un changement dans le système. Le supermarché, le produit industriel c'est la solution de facilité, c'est ce qui enlève à terme l'estime de soi, celle qui permet de pouvoir être fier de soi parce que nous sommes acteurs de notre alimentation. C'est enfin aussi en apprenant sur ce que nous pouvons produire, en confectionnant des plats, des conserves, en se formant aux gestes culinaires si besoin, en entrant ou en créant de groupes de partage culinaire que nous pouvons reprendre le contrôle. Et pour terminer en apprenant à produire ses propres légumes et fruits, peu importe que nous habitions en ville ou à la campagne.

Plaidoyer pour une éducation alimentaire

2.2 Pour une pédagogie de la terre

Nous l'avons vu plus haut, la désertification rurale a éloigné l'urbain de la terre et de la connaissance de la nature. Il en a certes une connaissance théorique mais plus du tout pratique. Nous le constatons en particulier chez les jeunes qui manifestent un désir parfois instinctif pour ce contact avec la terre. Devons-nous attendre que les enfants apprennent cela à l'école ? Pour ceux qui vivent dans des secteurs semi-ruraux, nous voyons que des initiatives sont organisées par les écoles, pour connaître les produits et les travaux de la terre à travers des sorties. Mais qu'en est-il des petits urbains ? Pour beaucoup d'entre eux, c'est soit une rencontre tardive, soit une rencontre qui ne se fait jamais. Pouvons-nous continuer ainsi ? Les écoles ont déjà des programmes surchargés, les instituteurs bien souvent souffrent aussi de ne pas avoir eu ce contact avec la nature, comment pourraient-ils sensibiliser les enfants alors qu'eux sont dans l'ignorance ? C'est pourquoi, il est nécessaire que nous soyons acteurs de changement, de cette rencontre. Il existe des jardins partagés, jardins potagers, des agriculteurs aux périphéries des grandes villes et métropoles qui souvent proposent aussi des produits de leur culture en vente aux particuliers, cela peut être une piste pour créer ce lien au produit et à la terre. Nous pouvons retrouver le chemin de l'humain en créant du lien, en comprenant les enjeux, en respectant le travail de ceux qui nous nourrissent par ces contacts.

En qualité de consommateurs éveillés, nous pouvons envisager la création d'associations de formations et de sensibilisation sur les métiers de la terre et sur l'alimentation pour intervenir dans les écoles, pour expliquer comment fonctionne l'industrie, le marketing qui nous fait consommer, la valeur des aliments, nous devenons ainsi de réels acteurs de notre consommation et plus seulement les spectateurs de ce que des intérêts financiers veulent nous faire consommer. Cette éducation est primordiale dès les classes de primaires jusqu'à la fin du collège pour créer une société plus responsable de son alimentation et de sa consommation. Ces années sont celles où on apprend les bases scolaires qui vont nous accompagner tout au long de notre vie, c'est pourquoi il est important d'apprendre les bases alimentaires qui vont nous servir tout au long de notre vie. Les sujets ne manquent pas et peuvent être adaptés en fonction de l'âge des enfants. Cela va de comment reconnaître un produit de qualité aux bons gestes alimentaires, du travail de la terre et du rôle de l'agriculteur pour un pays à la nécessité de combiner les techniques ancestrales et modernes de production et de distribution. Puis dans un niveau un plus élevé de connaître le rôle des nutriments dans notre organisme et dans les sols jusqu'à l'intérêt d'une souveraineté alimentaire. En 9 à 10 ans de scolarité notre jeunesse peut devenir experte dans le domaine de l'alimentation et créer un réel changement dans notre société.

Pour un changement durable

Mener une politique de santé publique, c'est une affaire collective. Nous ne pouvons plus nous contenter des médias pour faire passer des messages de préventions. Cela passe par le terrain avec des acteurs engagés, ces acteurs que nous sommes experts et non experts pour un projet commun. Nous l'avons abordé un peu plus haut, il en va de l'avenir et de la santé de nos proches et des concitoyens. C'est pourquoi s'engager dans cette démarche, c'est faire avancer une cause pour le bien de la communauté. Si par cette pédagogie nous pouvons faire en sorte de stopper ou même réduire la progression de l'obésité ou du diabète, nous pouvons avoir une influence bien plus étendue sur la santé publique. Cela ne se fera pas du jour au lendemain, les efforts pour y arriver seront colossaux et il faudra faire preuve de persévérance, de patience dans ce projet à long terme.

Nous aurons réussi quand l'infléchissement de la tendance sera que nous ayons une politique qui vise des objectifs sur des décennies plutôt que sur un mandat de 5 ans, quand l'industrie mettra l'humain avant le profit, quand la courbe de l'obésité sera descendante.

Apporter une vraie connaissance alimentaire, par une pédagogie suivie et ciblée dans le temps pour installer des habitudes de vie, c'est visé sur le long terme, c'est miser sur un avenir que nous ne verrons peut-être pas, mais vers lequel nous pouvons guider nos jeunes. Les hommes et les femmes politiques ne prendront peut-être pas l'importance de ces enjeux pour les raisons que nous avons développées plus haut. Les hommes et femmes qui sont au pouvoir aujourd'hui le sont pour un temps. Ils pensent court terme, bilan politique, réélection à peine élu et profit, mais on ne rentre pas dans l'histoire par des mesures faites dans un court laps de temps, ce sont les projets d'avenir qui marquent la valeur des grands hommes et des grandes femmes politiques. Ce temps passera et nous avons une très grande responsabilité entre nos mains, celle de continuer dans ce système qui peut s'effondrer à tout moment, ou celle d'éduquer nos enfants pour qu'ils donnent à la politique un autre visage que celui de l'égoïsme et du profit, pour qu'ils donnent aussi une autre dynamique à la production et à la distribution.

Médecine et Santé

La médecine répondra-t-elle aux enjeux futurs en se basant uniquement sur la technique ?

3.1 La longue chute du système de santé

Période 2000/2010

Sous l'impulsion d'un plan économique Européen, le système de santé s'est vu en quelques années bouleversé par des mesures destructrices autant sur l'humain que sur la logistique. Phénomène constaté en France, mais aussi dans l'ensemble des pays de l'Union européenne. La santé a pris la direction d'une rentabilité plutôt que d'une efficacité dans les soins. C'est une gestion comptable qui a vu le jour dans les années 2000, avec en France la loi Hôpital, qui a fait naître ce que nous connaissons sous l'acronyme de ARS (Agences Régionales de Santé) puis de T2A (Tarification à l'Acte). Mais aussi un quota d'étudiant ceci jusqu'en 2021 (Numerus Clausus) et des méthodes d'enseignement de plus en plus technicisé en médecine.

Des personnes désignées comme des experts, qui ne connaissent rien du tout en termes de santé sur le terrain, sont venues expliquer que la médecine devait être rentable, technique, impersonnelle. Ces idéologues ont en quelques années, modifié la structure des établissements de santé en supprimant des lits, en supprimant des postes de soignants, en chronométrant le temps de prise en charge par patient, en déterminant ceux qui méritaient des soins de ceux que l'on devait réattribuer dans un autre service, en calculant quels traitements pouvaient être rentables de ceux qui ne le sont pas. Bien souvent ils n'ont aucune expérience médicale, ils sont issus de filières économiques ou littéraires et se retrouvent à la tête d'une Agence Régionale de Santé, d'un Pôle Administratif Hospitalier Universitaire ou comme grand « restructurateur administratif » au sein d'un cabinet de conseil et audit ou comme idéologue portant une bonne parole auprès des vrais soignants.

Toutes ces mesures ont provoqué de nombreux malaises dans les professions de santé autant sur un plan psychologique, et en a poussé beaucoup à démissionner parce que l'offre de soin ne pouvait plus se faire correctement. Mais aussi au niveau de la charge de travail et du manque de rémunération en poussant beaucoup à se diriger vers le secteur privé et pour d'autres entrer dans une lutte syndicale sans fin qui chaque année couvre l'actualité en période de forte affluence. Ces mesures ont misé sur la rentabilité et la technique, offrant certes des objets technologique dernier cri pour la prise en charge, mais d'un autre côté laissant les établissements se délabrer par l'usure du temps et des multiples vandalisations.

Ces mesures ont d'ailleurs aussi des conséquences sur le comportement des patients, certains se sont vus abandonnés dans les couloirs ou pris en charge dans des protocoles un peu trop robotiques, ce qui a créé des réactions violentes envers le personnel de santé, envers le matériel et les établissements. Chaque année les rapports de l'ONVS (Observatoire National des Violences en milieu de Santé) le confirme, les deux premières causes de violences sont : la prise en charge et le temps d'attente, la troisième étant l'alcoolisme et ceci majoritairement dans les établissements publics. Ces agressions en constante augmentation ne font que créer davantage de malaise auprès du personnel de santé qui subit un système administratif de la rentabilité.

Période 2010/2020

Cette deuxième décennie n'a été que la suite de la première que nous venons de décrire, à la différence que c'est la période des premières grandes épidémies que nous avons vu arrivé en France mais aussi en Europe. En 2011 c'est la grippe H1N1 qui a mis en difficulté une première fois l'hôpital public avec une saturation au niveau de la prise en charge. C'est aussi la première fois que nous avons vu se mettre en place une réponse politique combiné à la technoscience à travers un vaccin commandé en masse pour être généralisé à toute la population. Cette réponse politique était déjà présentée comme un moyen d'éviter la saturation des services hospitaliers. Malheureusement pour les politiciens ce vaccin avait rencontré une opposition scientifique pour son mode d'admission en période épidémique, mais aussi pour son manque d'efficacité et les effets secondaires qu'il présentait. Nous devons préciser « déjà », car en 2020 l'épidémie de Syndrome Respiratoire Aigu Sévère à Coronavirus, a lui aussi et de façon beaucoup plus brutale saturer les services hospitaliers.

À la différence de l'année 2011, le vaccin n'a pas été proposé mais envisagé comme une porte de sortie dès le mois de mars 2020, alors que rien ne présageait la disponibilité de celui-ci avant une période de 2 à 3 ans. À la différence de 2011, nous avons pu constater que le système de santé s'était encore plus dégradé que cela soit par une disparition de lits, de personnels soignants, mais aussi moyen logistique de protections comme des masques, des blouses, des respirateurs, etc. Le système de rentabilité étant passé par là, il est arrivé à la limite de ce que personnels et établissements pouvaient offrir. Les chiffres sortis par la suite n'ont pas montré qu'il y avait plus de malades que d'habitude, mais que le système tel qu'il avait été établi ne permettait pas ou plus de pouvoir prendre en charge un certain nombre de patients dans une période courte. Derrière cela les politiques ont joué la carte politique, ils ne pouvaient clairement pas reconnaître que c'était le système qu'ils avaient contribué à mettre en place qui était défaillant. Le but était de faire comprendre que le système pour l'hôpital public pouvait tenir, sans qu'il soit modifier, sans que l'on fasse appelle au secteur privé. C'est pourquoi le confinement de la population générale a été mis en place, c'est pourquoi le « protocole Doliprane » en attente de la tempête cytokinique a été mis en place, c'est pourquoi les médecins de ville, qui rappelons le, restent du secteur privé ont aussi été écartés des protocoles de soins. Le but, c'était bien de prouver la maîtrise politique du système de santé en concentrant les prises en charge sur cette épidémie. Ce qui a créé des situations assez cocasses comme le fait que des services entiers se sont retrouvés vides, car non attribués à l'épidémie. Mais qui a causé des situations beaucoup plus grave comme le report d'interventions, l'abandon de suivi de maladie chronique par certains patients et aussi le manque de dépistage de certaines pathologies.

Ce système de santé rentable aurait pu s'arrêter là, mais il est allé plus loin que l'hôpital public quand ces mesures ont touché la prises en charges de personnes âgés dans les Ehpad avec le protocole Rivotril, qui s'est avéré être une forme d'euthanasie dissimulée. Devant cette difficulté politique, rencontrée durant l'année 2020, de faire tenir le système « quoi qu'il en coûte », la fin de l'année s'est vu être conditionnée par un risque de nouvelle saturation des établissements et par l'apparition du vaccin. La technoscience arrivait enfin à la rescousse du politique pour faire tenir le système. C'est ainsi qu'un vaccin encore en phase de test, mais devant répondre à une urgence politique et aucunement sanitaire, s'est vu être autorisé provisoirement par les agences du médicament du monde occidentale. Comme en 2011 le vaccin a ainsi été proposé en population générale en période épidémique pour éviter la saturation des services hospitaliers. Le confinement strict ayant coûté beaucoup trop cher aux états l'ayant appliqué n'a pas été renouvelé, mais d'autres techniques ont permis de donner le change comme le fameux couvre-feu. Les services hospitaliers ont connu exactement la même saturation que les années précédentes, à la différence que la communication sur cette saturation avait changée, elle n'était plus due au système de rentabilité mais au virus et à l'irresponsabilité des personnes qui ne passaient pas par la case vaccin.

En l'espace de 20 ans c'est non seulement la structure de la santé qui a changé mais aussi l'offre de soin. La période Covid a été la plus marquante parce que le système en lui-même arrive à bout de souffle et que pour cette fois-ci avec des mesures complètement absurdes, les politiques ont réussi à sauver les apparences, mais à aucun moment ne remettent en question le système en lui-même. Cela tient ici de l'idéologie, celle de vouloir faire du profit avec tout et n'importe quoi et même voir surtout avec la santé, car nous le verrons plus loin, il peut y avoir une explication à tout cela c'est le vieillissement de la population.

Comme je l'ai dit plus haut le politique fait de la politique, enfin la définition moderne qui se résume à être de la démagogie. Ils préfèrent chercher des responsables plutôt que de se remettre en question, ils n'ont aucune intention de remédier aux problèmes. Pour eux le système fonctionne parce qu'il correspond à une logique économique, par qu'il fait partie d'un plan et que le planisme est pour eux la seule et unique solution. Tout le reste est du blabla, ils disent entendre les revendications, ils disent vouloir remédier aux problèmes juste pour abaisser les tensions, pour cela ils distribuent un peu d'argent et les plus agités finissent par se calmer mais au fond ils n'ont nullement l'intention de vouloir recréer des postes ou des lits. Ils n'en ont tellement pas l'intention que même en pleine épidémie de grippe ou de covid, ils ont continué à fermer des lits et des services. Tout parti confondus, l'objectif reste le même : rentabiliser la santé, l'opposition préfère hurler avec les loups mais n'en ferait pas moins si ces partis étaient au pouvoir tant que le pouvoir en place se félicite à travers les médias et dire une fois la pression passée la fameuse phrase « l'hôpital a tenu », à cela nous pouvons leur répondre, oui mais combien de temps encore ?

3.2 Perspectives...

D'une santé privatisée

Dans la logique d'un plan économique pour la rentabilité de la santé, les éléments s'accumulent pour nous faire comprendre une tendance. Cette tendance se dessine sur des modèles déjà existant qui ont certes une efficacité économique certaine, mais qui sur le plan humain est catastrophique.

Cette tendance c'est celle de voir la privatisation de la plupart des établissements publics, pour arriver à un système similaire à celui que nous pouvons retrouver aux États-Unis, au Canada ou dans certains pays européens... Les chiffres appuient cette tendance quand on voit ce qu'a coûté le remboursement par la sécurité sociale des tests de dépistage de Covid. En l'espace de 2 ans c'est près de 10 Milliards d'euros de remboursement pour les tests, alors que la consultation des acteurs de la santé en juillet 2020 nommée « Ségur » prévoyait 8 Milliards pour les hôpitaux. Combien de temps ce système de sécurité sociale peut encore tenir ? Au fil des années beaucoup de traitement ou d'actes ne sont plus remboursés par ce système garantissant la santé pour tous et tout porte à croire que nous nous dirigeons vers un système d'assurance maladie privée généralisée. Cela impliquerait des cotisations conséquentes, des directives strictes sur le choix des établissements de soin, sur les traitements qui seront pris en charge par l'assurance et donc remboursés ou non (peut-être même en fonction des liens d'intérêts/partenariat avec les labos), ainsi que des pathologies qui seront prises en compte (notion de responsabilité par rapport au développement de la pathologie). Comme ce sont des acteurs privés, ils pourront exiger des garanties à travers un bilan de santé annuel voir plus pour réévaluer les cotisations en fonction des résultats, voir même un système de Bonus/Malus en fonction de nos antécédents.

Ce système augmentera les inégalités, car ce sont les foyers les plus aisés qui pourront se permettre une bonne couverture, les plus modestes, une couverture limitée et pour les plus précaires peut-être pas d'assurances du tout ou le minimum que l'état puisse offrir. Ces inégalités existent déjà en fonction des mutuelles et des contrats, mais aussi en fonction des conventions des médecins. Entrer dans ce système ne fera qu'accentuer ce déséquilibre. Nous pouvons enfin supposer que des établissements publics seront toujours en fonction, mais avec un personnel réduit, payé avec le minimum syndical et avec très peu de moyen technique.

Cette tendance se confirme quand nous constatons aussi la désertification médicale. Contrairement à ce que nous pourrions croire, elle ne touche pas uniquement les campagnes. Les déserts médicaux sont nombreux dans les banlieues des grandes métropoles. Cela ne concerne pas non plus que les établissements publics de santé mais aussi la médecine de ville. En quelques années les médecins ont disparu des provinces pour s'installer dans les grandes métropoles ou pour travailler dans des établissements collectifs, tant le loyer pour un cabinet libéral explose dans les grandes villes. Nous avons connu en l'espace de 20 ans une réduction drastique du nombre de médecins de campagne, qui n'ont pas été renouvelés après que beaucoup soient partis en retraite. Pourtant il y a eu une petite augmentation du nombre de nouveaux médecins sur le territoire, mais le problème réside comme nous venons de le dire dans la répartition. Beaucoup de médecins ne souhaitent pas s'installer en libérale à l'issue de leurs études et se dirige soit vers des établissements publics soit vers des établissements privés de santé, et nous l'avons vu ces structures ont soit été fermées, soit sont inexistantes dans les zones périphériques. Les médecins qui font le choix de s'installer en libéral visent bien souvent les grandes villes, ce qui fait que les quelques médecins en zone rurale sont débordés pour le petit nombre qu'ils sont pour assurer les soins.

…D'une santé sous influence

L'épidémie de Covid a permis de mettre en lumière un système d'influence qui touche les acteurs de la santé, que cela soit par des intérêts privés ou par les pouvoirs publics. Quand un système se cristallise et arrive à bout de souffle, les enjeux apparaissant aux yeux de tous, les influences deviennent de plus en plus évidentes. C'est ainsi que nous avons pu voir des médecins avec des liens ou conflits d'intérêts.

Cette forme de corruption commence très tôt dans le système de formation des futurs médecins. Les laboratoires pharmaceutiques qui prétendent un investissement dans la santé des pays en aidant les états financièrement, entrent dans les universités par un travail pernicieux d'influence sur les formations. En effet, on ne va pas critiquer tel ou tel produit quand le laboratoire qui le fabrique vous a acheté du matériel informatique ou quand une partie des frais de scolarités sont amoindries par l'apport d'argent de ces entreprises. Nous avons déjà pu voir ce phénomène avec des entreprises de l'agro-alimentaire qui ont « investi » dans la formation des diététiciens et nutritionnistes. Cela s'applique aussi dans les recherches que les étudiants peuvent mener. Pour venir à terme d'une recherche souvent coûteuse et pouvoir la publier dans un journal spécialisé, les laboratoires contribuent à la réalisation de ces recherches et publications, elles usent de leur influence et créent un biais cognitif chez le futur praticien. Comment à partir de cela peut-on croire qu'une formation influencée dans le sens de ces trusts soit libre et éclairé ?

C'est ainsi que nous nous retrouvons avec de jeunes médecins qui ne comprennent plus l'intérêt de la remise en question des laboratoires par leur confrère plus âgé. Ils sont tellement éloignés de la remise en question et de la recherche de solution, qu'ils ne voient la médecine que comme l'idéologie prédominante le souhaite, qui est celle des laboratoires. C'est ainsi que les vieilles molécules sont considérées comme obsolète alors qu'elles ont fait leur preuve. Une fois leur brevet perdu et passé dans le domaine public, elles ne sont plus rentables pour les laboratoires qui misent tout sur la nouvelle molécule brevetée. C'est ainsi que l'on se base sur une façon étrange de vouloir faire des essais cliniques sur de vieilles molécules, sur le même modèle que les laboratoires dans une situation d'urgence. Comment justifier dans une situation pandémique de donner un placebo à une partie des personnes touchées ? C'est un reproche qui a été largement fait au Professeur Raoult en 2020/2021. Et enfin, la médecine n'aurait jamais pu avancer sans l'expérience et c'est bien cette part d'inconnue, cette part de mystère qui est maintenant refusé par les jeunes médecins qui ne jurent plus que par la preuve scientifique et ne fait plus (ou de moins en moins) confiance à l'expérience.

Cette forme de corruption dévoilée, nous a permis de voir un autre phénomène qui avance à bas bruit depuis les années 90 c'est la direction d'une philosophie de la médecine par le pouvoir politique et sous influence de grands groupes pharmaceutiques. Pendant les années 2020 – 2021, le pouvoir politique n'a pas hésité à ne miser que sur un type de médecine, balayant toute autre forme de soin dans une situation épidémique, nous l'avons vu plus haut, pour défendre un système de rentabilité de la santé, mais aussi pour favoriser des liens d'intérêts avec de grands groupes financier-pharmaceutiques, phénomène qui ne s'est pas arrêté à la France puisque la plupart des pays de l'union européenne ont suivi cette voie, ainsi que la plupart des pays outre-atlantique. En ce qui concerne la France et la direction philosophique de la médecine, c'est en grande partie le résultat d'années de bataille entre les médecines et en particulier la médecine allopathique financée à coup de millions par les laboratoires, pour s'imposer comme la seule vérité, la seule solution à tous les problèmes de santé. Au nom du progrès, de la technologie et de la science les pays d'occident ont majoritairement imposé une vaccination sur les populations, alors que le produit n'avait aucun recul, que son efficacité n'était prouvée que par les laboratoires, que la phase d'expérimentation n'était pas terminée et que nous continuons encore aujourd'hui à découvrir leurs effets indésirables. C'est une grande victoire pour les laboratoires et pour la philosophie de la médecine allopathique qui, à coup d'influence politique et médiatique, sont arrivés à s'imposer comme la seule solution. Bien que cela soit une victoire, c'est aussi un énorme risque que de créer pour l'avenir de la défiance envers les médicaments allopathiques, mais le profit qui en a été tiré a suffisamment convaincu les actionnaires du moment et comme le veut la logique des entreprises privées à actionnariat, le gain était beaucoup trop important pour laisser l'occasion s'échapper.

Pour en arriver à cette philosophie unique de la médecine, voilà des années que des médecins purement allopathiques font une réelle guerre à d'autres médecins qui se sont ouverts à d'autres pratiques pour compléter leur formation. De nombreux médecins homéopathes se sont fait radier de l'ordre des médecins pour charlatanisme, poursuivis en justice parfois au pénal par des mercenaires de la médecine allopathique, financés et accompagnés juridiquement par les laboratoires et leurs avocats. Cela serait une erreur de croire que certains médecins n'aient pas profité de la faiblesse de leurs patients et se soient vu dériver dans leur pratique. Comme dans tous les domaines des profiteurs, des escrocs sont présents et ont été justement punis. Seulement d'autres ont subit un préjudice personnel et professionnel juste parce qu'ils ne pratiquaient pas dans l'idéologie allopathique pure, que la petite bête leur a été cherché pour les poursuivre et les radier. Ces radiations ont privé des milliers de patients d'une autre forme et offre de soin.

Cette offre de soin différente, nous le voyons n'est médiatisée que quand une dérive ou une erreur est commise. En dehors de ces faits divers on en parle très peu ou comme le choix d'une classe sociale étiquetée comme étant peu instruite ou comme une fantaisie charlatanesque car, comme je viens de l'expliquer, ce dénigrement est le fruit d'une forme de corruption et d'une idéologie totalitaire de la médecine. Or nous savons, pour encore certains d'entre nous, que d'autres formes et offres de soins existent en dehors de l'allopathie pure. À l'heure de la mondialisation, que des millions de gens vont et viennent de par le monde, nous ne sommes pas sans savoir que des médecines traditionnelles, ancestrales ont fait leurs preuves. C'est pourquoi, il est totalement ridicule, voire contre-productif de se passer d'une offre de soin quand celle-ci existe, qu'elle a fait ses preuves dans le temps et qu'elle convienne à certains. Nous sommes, là, dans le même cas de figure que les molécules anciennes qui deviennent obsolètes aussitôt que de nouvelles sont brevetés. Une technique ne devient pas moins efficace quand une nouvelle apparaît et c'est pourtant ce que l'idéologie pharmaco-financière cherche à nous faire croire. Il est illogique de continuer dans cette idéologie du tout allopathique, comme il serait totalement stupide de se passer ou d'interdire la médecine allopathique. Quand nous vivons sur une planète avec 7 milliards d'êtres humains et bientôt 10 milliards d'ici 30 ans, nous devons trouver un moyen de faire s'articuler les prises en charge de soin dans une pluralité. Si les êtres humains sont sensibles à l'alimentation en fonction de leur ethnie, il est fort probable qu'il en soit de même pour la médecine.

…D'une santé technicisée

Nous pourrions aborder ce point sous bien des aspects tellement la réponse technique est automatique de nos jours, malgré ce long aparté, notre fil d'ariane reste autour de l'alimentation, c'est pourquoi nous prendrons comme exemple la réponse de la médecine actuelle en matière de nutrition. Pour ceux qui consultent ou ont eu à consulter des médecins spécialisés ou même des médecins généralistes pour une perte de poids ou en rapport à une autre consultation ont donné pour consigne de perdre du poids. On s'aperçoit très vite que pour certains la formation par les laboratoires a été extraordinaire, par la prescription de médicaments comme cela a été le cas à l'époque du Médiator ou par la prescription de programme protéinés comme Nestlé a pu le faire à une époque. Pour d'autres, ils y voient l'opportunité de faire fructifier financièrement des réseaux, à travers des solutions bien radicales mais non sans risque pour le patient qui leur sont proposés comme la sleeve ou l'anneau gastrique.

Attention, pas de méprises, je n'accuse pas tous les médecins de ces pratiques dans un but mercantile, certains le font clairement dans le but de gagner de l'argent d'autres le proposent par le sentiment de voir dans ces protocoles un système rapide, innovant et efficace. Bien souvent la proposition de ces protocoles sont proposés aux personnes qui présentent un profil adéquat à ce type de technique. Comprenons bien, ce n'est pas la technique qui est mauvaise puisqu'elle présente une efficacité, ce que nous cherchons ici à démontrer c'est l'automatisme technique que certains praticiens ont tendance à proposer comme offre de soin. Le second point que nous pouvons aussi critiquer dans cette pratique c'est la prise en charge et le suivi psychologique de ces patients sur le long terme. Le nombre de témoignage de dépression post sleeve est sous évalué, justement parce que la technique est efficace et que le lien au protocole ne peut pas clairement être établi. Il faut pourtant considérer ce point qui bien souvent mène le patient dans une rechute par une prise de poids autant pour la sleeve que pour l'anneau gastrique. Si une technique est remise en question, c'est que son efficacité est défaillante et cela sonnerait un arrêt de son utilisation. Cela impliquerait non seulement son arrêt, mais aussi l'arrêt des forces économiques qui l'entourent, ce qui complique la démarche.

Existe-t-il encore de la place pour le ressenti du patient quand le régime prescrit échoue ? Comment le médecin gère-t-il l'échec d'une prescription ou l'échec d'une technique en laquelle il avait une pleine confiance ? Le patient vient avec une demande et un espoir, le médecin par sa prescription soulage et apporte un espoir, si la prescription échoue ce n'est plus une affaire de technique, ce sont deux psychés qui vont subir les conséquences. D'une part, le patient qui va se remettre en question sur son utilisation de la technique puis qui va remettre en question la technique elle-même et celui qui l'a prescrit. Et d'autre part, le médecin qui va remettre en question l'implication du patient dans la technique, puis la technique elle-même, son système de croyance dans la technique et enfin se remettre en question lui-même. Cette dernière phase peut être orageuse et déterminer la suite sur le suivi entre le patient et son médecin, mais aussi le patient par rapport à sa pathologie.

La technique en médecine a toujours existé, elle a évolué et fait évoluer la médecine au fil des siècles jusqu'aux techniques modernes. La technique moderne peut répondre a beaucoup de problème, elle intervient beaucoup par la machine pour sauver les personnes d'une situation critique, mais la machine a-t-elle vocation à remplacer un ou des organes ? Ne vient-elle pas compléter, apporter son aide dans un moment précis et se retire ensuite ? Quel est le but de la médecine moderne et de la science ? Est-ce de robotiser le corps humain ? Est-ce de remplacer l'humain dans la prise en charge de soin ? Peut-on se passer de la relation humaine dans le soin ? Ce sont des questions que nous sommes en droit de nous poser, quand nous voyons les réponses apporter aujourd'hui par la pensée technique. Quand par exemple, la réponse à la désertification médicale, se traduit par des cabines ultra-technologique, installées dans des villages pour des consultations de télémédecine. Tout l'aspect technique est prévu par la machine, mais que fait-on du besoin de proximité humaine ? Ce sentiment de pouvoir se confier à son médecin, celui qui nous connaît dans notre intimité depuis de longues années est en train de disparaître. Pourtant nombreux sont ceux qui reconnaissent que cette relation représente un pourcentage important de la guérison. Si demain le médecin, n'est même plus en télécommunication, mais qu'il est remplacé par une machine dont les algorithmes par l'intelligence artificielle fera diagnostique et prescription, quel sera le pourcentage de guérison ? Dans quel état psychologique le patient sera-t-il par rapport à sa difficulté ?

La technique comme nous l'avons vu, ce n'est pas que la machine mais aussi une technicisation de la pensée. Un problème « A », doit avoir pour réponse la solution « A ». Il n'est pas question d'utiliser la réponse « B et C et D et E » etc. La technicisation de la pensée c'est aussi de ne pas prendre en compte d'où vient le problème et encore moins de ce qu'il adviendra. C'est d'autant plus vrai pour la médecine, car comme nous l'avons vu, le nombre de médecin pour le nombre d'individu, ne permet pas une investigation complète, le plus souvent par manque de temps et parfois ce ne sont que pour des raisons de rentabilité. Avec une consultation d'un quart d'heure par patient difficile de faire une investigation approfondie et d'avoir un suivi sur le long terme au vu du nombre de patients à suivre. C'est ainsi que le médecin se retrouve dans une technicisation de la pensée, il rencontre un problème « A », il propose la solution « A ». Le problème vient quand cette solution « A », a été proposé par un laboratoire qui profite de cette technicisation de la pensée, de ce temps limité pour l'investigation et le suivi. Le laboratoire forme ainsi les médecins à leur solution « miraculeuse », ce qui fait par ailleurs gagner un temps considérable au médecin. On profite alors d'une mécanique, d'un système où le médecin n'a même pas le temps de douter du produit, n'a pas le temps de prendre en considération le fait que les patients puissent critiquer ces produits qui ont été vendus comme miraculeux. Les patients sont victimes de cette technicisation de la pensée, ils restent alors dans leur problème quand ils ne l'amplifient pas. Ils finissent même par redouter de se faire remonter les bretelles par leur médecin, qui bien souvent n'a plus aucun souvenir de ce qui a été prescrit et/ou qui n'a pas le temps de voir si entre les rendez-vous il y a une évolution ou pas. Les médecins aussi sont victimes de cette technicisation de la pensée, car ils s'éloignent petit à petit de leur vocation de soignants pour devenir de simple techniciens de la santé.

…D'un vieillissement de la population et de l'obésité juvénile ?

L'épidémie de Covid a permis de mettre de nombreuses choses en relief et particulièrement deux points sur lesquels nous devrons nous concentrer dans les années qui viennent. Ces deux points sont : le vieillissement de la population et l'obésité. Le Covid a particulièrement été meurtrier chez les personnes appartenant à ces catégories.

Médecine et Santé

Cependant, ces deux catégories de la population exposées aux risques sanitaires existaient bien avant le Covid, car les formes sévères de grippes touchaient aussi ces populations, mais la médiatisation autour de ces facteurs n'a pas été aussi intense que pendant l'année 2020.

Fait que nous pouvons constater, la population française, mais aussi européenne vieillit plus qu'elle n'a de jeunes. Les chiffres de natalité en France sont inquiétants avec une moyenne de 2,9 enfants dans les 1960 par famille à un peu moins de 1,8 enfants en 2020 avec un taux de mortalité à 9,1 % tout âge confondu. Selon les derniers chiffres c'est la France qui reste leader en termes de natalité comparée aux autres pays européens. La France a donc le meilleur score dans la pire des positions pour une démographie. La pyramide des âges en Europe pour 2021 montre clairement un bloc majoritaire de personnes âgés de 20 à 60 ans (49 pour mille) et un bloc minoritaire de 0 à 20 ans (21 pour mille). A titre de comparaison le bloc des 0 à 20 ans était majoritaire en 1965 alors que les 20 à 60 étaient minoritaires.

Médecine et Santé

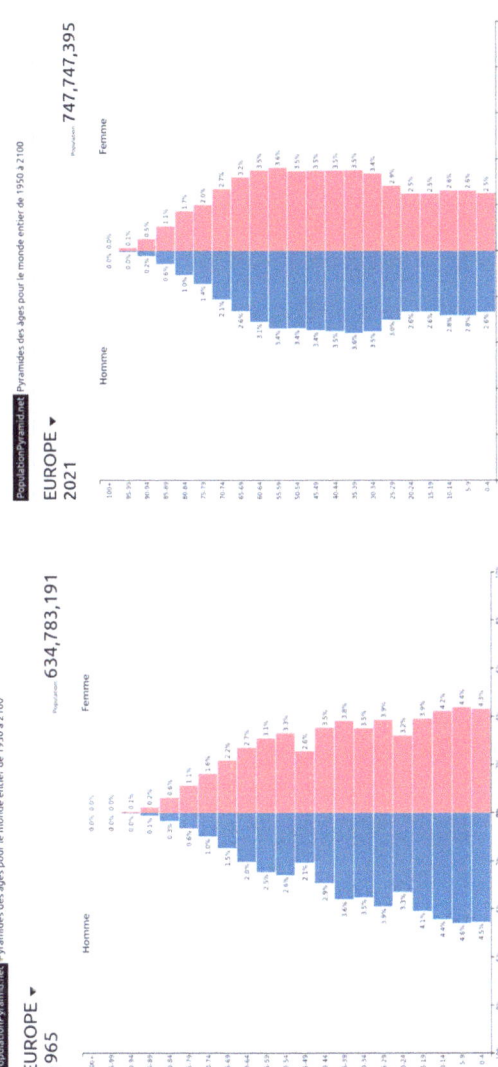

En ce qui concerne l'obésité nous avons déjà eu l'occasion d'aborder les chiffres en France qui touchent les populations jeunes, cependant c'est un phénomène qui est aussi européen. Selon l'organisation mondiale de la Santé, ce sont 60 % de la population européenne touchée par un problème de surpoids ou d'obésité, dont un tiers des enfants de 6 à 9 ans selon la dernière enquête de septembre 2021.

Ce que nous pouvons comprendre, c'est que nous sommes face à un risque sanitaire majeur avec l'augmentation du nombre de personnes âgées et de jeunes souffrant de surpoids ou d'obésité. Ces deux catégories de population, nous le savons présentent des risques par rapport aux pathologies liées à leurs conditions. Le vieillissement comme l'obésité sont souvent accompagnés de pathologies qui deviennent soit chroniques, soit qui demandent des soins importants et qui en cas d'épidémie comme la grippe ou le Covid présentent des facteurs de comorbidité. Nous l'avons vu la prise en charge devient de plus en plus complexe, de par le système technique et économique que l'hôpital a pris. Ces deux phénomènes ne touchent pas que la France ou l'Europe mais aussi les États-Unis d'Amérique et le Japon. Ces deux pays connaissent aussi un vieillissement de leur population et l'obésité chez les plus jeunes. Pour les États-Unis l'obésité est un fléau depuis une cinquantaine d'années, ce qui est nouveau chez eux, c'est que la longévité a baissé avec une moyenne d'âge de 77 ans. Au Japon, c'est le vieillissement de population qui est inquiétant, la natalité est en chute constante avec 1,36 enfant par famille, ce qui leur pose déjà des problèmes sur leur souveraineté alimentaire. Le Japon est un pays qui, pour survivre, importe plus qu'il ne produit dans son alimentation. Pour résumer le vieillissement de la population et l'obésité chez les jeunes sont des phénomènes qui touchent majoritairement les pays riches et dans lesquels le système et la politique de santé, lors de l'épidémie de 2020 ont été mis à rude épreuve.

Nous l'avons vu précédemment, les mesures politiques ont été prises durant l'épidémie de Covid, en grande partie pour défendre le système économique mis en place dans les hôpitaux depuis 20 ans. Cette épidémie a permis de constater que les services pouvaient être de plus en plus facilement saturés malgré les alertes que les soignants ont lancés depuis les années 2000. Par des mesures politiques inédites, le système a résisté, mais dans le fond il n'a pas changé et les politiques n'ont aucune intention de le changer. Avec ce que nous venons de décrire, une augmentation du vieillissement et de l'obésité de la population, les risques de comorbidités liés à ces conditions, le système pourra-t-il tenir à une prochaine épidémie d'un virus inconnu ?

Le système de santé rentable mis en place depuis le début des années 2000, a-t-il été développé parce que le constat de l'augmentation de la vieillesse, de l'obésité et des pathologies liées représentait un risque économique ? Le grand âge demande des soins nombreux, voire quotidiens, le remboursement de ces soins ne pourra plus à terme, être tenu par une population qui va devenir inactive et qui va de plus en plus demander ces soins. L'obésité par l'augmentation de pathologies comme le diabète, les pathologies cardiaques, hépatiques, articulaires, demandera aussi des remboursements qui, pour les mêmes raisons que nous venons de décrire ne pourront plus être tenus. Ces fléaux qui touchent la France, mais aussi l'Europe depuis plus de 20 ans ont certainement déterminé la vision comptable de la santé et mis en place ce plan destructeur de l'hôpital public.

Le système tel qu'il a été mis en place ne peut que devenir de plus en plus technique et dans cette logique de plus en plus dans un but de profit. La technique n'a pas de sentiment, elle exécute, elle avance dans le but de ceux qui l'ont instauré. Devant cette machine physique et fonctionnelle, ce sont les esprits qui sont formatés à la pensée technique. La formation des internes et de l'ensemble des personnels de santé, c'est d'appliquer la technique dans le but de rentabilité. Dans cette machine l'humain confronté à son vieillissement et à ses pathologies, se voit être réduit à une donnée dans le système. Là où sa pathologie demande plus qu'une réponse technique, par une prise charge plus humaine, le système n'a pas prévu cela, n'a pas prévu ce temps d'écoute et de réconfort. Cette froideur, nous pouvons le supposer ne peut qu'aggraver la pathologie, ce qui va apporter comme réponse toujours plus de technique et toujours moins d'humain.

Certains soignants l'ont compris, et nous pouvons constater dans plusieurs pays européens des prises en charge hors-cadre des établissements publics. Le but de ces prises en charge, c'est avant tout d'accompagner psychologiquement les populations, mais aussi de faire de la prévention en s'ouvrant à des pratiques parfois ancestrales qui mettent le corps en mouvement, qui apportent un bien-être mental mais que nous ne pouvons pas appeler médecine. C'est pourtant cette médecine préventive qui pourrait être la solution aux enjeux sanitaires qui se profilent.

3.3 Quelle médecine pour demain ?

Une histoire riche en technique

La médecine a connu une évolution dans le temps que nous pouvons aujourd'hui reconnaître comme assez riche. De Hippocrate à Gallien, en passant par Paracelse, Pasteur, Lemming mais encore par Cabrol ou Montagnier. Ce qui est aujourd'hui reconnu comme la médecine se veut être l'héritage de ces noms. A cela il ne faut pas oublier les inconnus qui ont fait avancer la médecine comme les peuples premiers où les chamans ou sorciers ont exploré la nature pour trouver les plantes guérissantes. Cette médecine de l'instinct est bien plus empirique que les recommandations de Hippocrate et reste encore de nos jours des découvertes qui sont éloignés de toute considération techniques ou scientifique, bien que la science et la technique aient cadré et expliqué le mécanisme des principes actifs.

Médecine et Santé

Dans son histoire la médecine (s'est approchée) a intégré des techniques venues d'un peu partout dans le monde, elle s'est intéressée à des domaines qui aujourd'hui sont inconcevables dans son aspect moderne, cela jusqu'à ce que la formation en médecine soit profondément bouleversée avec la mise en avant de l'aspect économique qu'elle pouvait représenter. Depuis l'époque moderne que nous pouvons considérer comme apparue dès les années 1800, ce sont autant de filtres et autres remèdes sans aucun intérêt pour la santé humaine qui ont fait leurs apparitions. Le but derrière cela était purement mercantile et usait plus du pouvoir de persuasion que d'une quelconque efficacité, ce sont les premiers grands charlatans qui ont alors fait une percée dans le milieu médical. Mais ces charlatans, par le pouvoir économique qu'ils en ont tirés, ont compris que la santé pouvait être un business et qu'il était possible de faire de l'argent en vendant des molécules parfois extrêmement dangereuses, mélangées à du sucre pour en faire ce que nous appelons médicaments. C'est le cas de l'entreprise Pfizer, l'histoire de deux cousins un chimiste et un confiseur, ayant fui l'Allemagne pour s'installer aux États-unis et pour créer une entreprise. Leur premier produit a été un antiparasitaire très amer qui, à force de couche de sucre et de persuasion, devenait supportable. La médecine à cette époque a connu un tournant en voyant arriver de grandes puissances financières qui allaient investir dans la formation des médecins. Ces médecins deviendraient les ambassadeurs des produits sur lesquels ces grands noms de la finance avaient investi. C'est ainsi que petit à petit, l'homéopathie, l'acupuncture ont disparu des programmes de formations en médecine, mais aussi ,et c'est plus grave, les cours de botaniques qui permettait de construire le traitement en connaissant les principes actifs des plantes. Car ne l'oublions pas, le médecin dans toute son histoire était capable de fabriquer les remèdes en ayant une connaissance de la botanique. Les apothicaires en étaient capables aussi, ce sont d'ailleurs eux qui collectaient les plantes pour les formules dans leurs officines.

Il s'est créé un double phénomène dans la formation des médecins, en même temps que la science venait expliquer et faire évoluer la technique, au nom de cette science il y a eu une volonté de faire disparaître les anciennes techniques. Bien entendu des choix ont dû être fait pour composer le cursus des futurs soignants pour qu'ils puissent être actifs le plus rapidement. Ce qui est déplorable c'est l'idéologie qui a été véhiculée par ceux qui délivraient le cursus en jugeant, sur ce qui était ou non sujet à approfondir dans la formation continue une fois sur le terrain. Nous pouvons plus ou moins situer la période où la médecine s'est séparée des autres disciplines entre la fin du XIXe et le début du XXe siècle. Grace à l'évolution technique et à l'explication scientifique la médecine a fait des découvertes, mais il est intéressant de constater que ces découvertes ont sans doute eu lieu parce que cette scission entre formation aux techniques anciennes et formation aux techniques nouvelles, ne s'est pas faite du jour au lendemain. Ces découvertes ont souvent pu voir le jour grâce à la collaboration entre ces deux époques. Les vieux médecins formés à l'ancienne ont su conjuguer avec les autres disciplines et les jeunes ont su se nourrir de l'expérience des anciens. Mais combien de découverte majeure depuis la deuxième partie du XXe siècle ? Combien de découverte depuis que la scission avec les autres disciplines ait été totale ? Et combien, depuis que les vieux médecins formés à l'ancienne n'exercent plus, ne sont plus écoutés ou sont morts ?

La médecine doit-elle effacer son passé au profit de techniques modernes juste parce qu'elles ont la particularité de l'innovation ? Pourquoi dénigrer ce qui a fonctionné à travers l'histoire et les diverses cultures mondiales pour une seule et unique forme de médecine ? L'efficacité d'une technique ne s'éteint pas avec la dernière découverte et c'est pourtant ce que fait aujourd'hui la médecine au même titre que dans d'autres domaines. Le pire c'est que ça n'a pas besoin d'être millénaire pour être obsolète, il y a 10 ans on considérait que les techniques de plus 50 ans sont dépassés aujourd'hui ce sont celles de l'année dernière, qu'en sera-t-il demain ?

Nous devons apprendre des crises qu'elles soient environnementales, économiques, en particulier de la dernière et de celles qui suivront qui seront sanitaires. Nous l'avons vu la plupart de ces événements sont dû à une mauvaise gestion politique, où l'intérêt de puissance financière passe avant l'intérêt de la collectivité. Les politiques donnent l'impression de comprendre, de s'intéresser à la détresse des soignants dans ce système en donnant des compensations financières quand la révolte se fait sentir. Mais comme nous l'avons développé plus haut, ce système de rentabilité est une volonté politique et à aucun moment ils ne reviendront sur des mesures, décisions aussi absurdes ou destructrices soient-elles. Ce qui avait été créé à une autre époque pour le bien de tous ne correspond plus aux critères de la société post-moderne qui se veut être avant tout technique pour le profit d'une minorité.

La médecine n'est plus libre aussi qu'elle devrait ou pourrait l'être, le choix, l'offre de soins devient une réelle difficulté tant la manipulation et les intérêts pour la médecine allopathique sont intenses. Mais devant l'énorme problème qui se présente pour la santé publique, comment peut-on imaginer ne régler les problèmes qu'avec des outils innovants ? Comment peut-on se passer de toutes les offres de soins disponibles ?

Pour une approche de la médecine préventive et pluridisciplinaire.

Nous l'avons abordé un peu avant, il devient nécessaire de prendre en considération ce que les crises nous apprennent et d'agir en conséquence. Comme nous l'avons dit, une médecine préventive serait à privilégier. La médecine c'est l'art de guérir et de soigner, soigner dans le sens de prendre soin. Le soin ne se fait pas seulement une fois la maladie ou l'infection déclarées, le soin peut se faire avant pour la retarder ou l'éviter, c'est pourquoi le terme de médecine préventive est le plus adéquat. Le but n'est pas de favoriser une technique plutôt qu'une autre, le but n'est pas de reproduire comme un négatif photo ce que nous constatons comme un échec dans la prise en charge de l'humain dans le soin. L'objectif c'est de coordonner l'ensemble des pratiques qu'elles soient ancestrales, douces ou modernes. Des initiatives existent déjà, d'autres voient le jour suite à ce que l'épidémie de 2020 a apporté comme leçons. Le médecin Louis Fouché dans sa démarche de retisser du lien, de trouver des solutions pour apporter une offre de soins plus humaine a été l'instigateur d'un mouvement médical pluridisciplinaire qui a proposé un parcours de prise en charge des personnes ayant contracté le Covid en médecine de ville. Ce type de mouvement ont pour vocation de se tourner vers une prise en charge plus globale que pour une pathologie en particulier. Comme nous l'avons vu nous ne pouvons pas nous permettre d'écarter une médecine pour en favoriser une autre, qu'elle soit allopathique, homéopathique, ayurvédique, par la phytothérapie ou autres. Prendre le chemin de l'approche pluridisciplinaire, c'est permettre d'avoir une approche globale de la personne, c'est aussi faire vivre des techniques ancestrales qui ont fait leur preuve, c'est continuer à apprendre de l'humain et des techniques, c'est apporter une réponse adaptée en fonction de la gravité, en fonction de la personne dans le respect de son intégrité. La médecine futuriste n'est pas à jeter, elle doit être intégrée comme elle doit intégrer les techniques qui l'ont précédé. Bien qu'elle soit considérée comme technique et scientifique, nous pouvons constater que les outils proposés ont un temps d'efficacité incertains soit parce que les laboratoires doivent sortir le plus vite possible sur le marché ces outils/produits et ce sont des temps de test et de qualité qui sont sacrifier, soit parce qu'ils doivent générer du profit et sont développés dans un cynisme total qui consiste à maintenir plutôt que guérir. Quoi qu'il en soit nous constatons que cette stratégie technico-commerciale peut causer des déséquilibres dans les organismes.

Cette vision moderne de la médecine comme étant interventionniste est très occidentale. Ce n'est pas le cas dans la plupart des pays orientaux, où les techniques anciennes se mêlent aux techniques modernes. Peut-être est-ce dû au traditionalisme de ces sociétés, mais toujours est-il que tout ce qui peut aider l'être humain à être en santé avant, pendant ou après l'infection est utilisé quoi que soit sa forme technique. Nous pouvons prendre comme exemple, la médecine tibétaine qui est très traditionnelle dans son fonctionnement et son éthique. La plupart des personnes sont soignées avec des principes de phytothérapie, des massages et de l'acupuncture. Cela dit le médecin tibétain connaît ses limites et sait quand il faut diriger la personne souffrante vers de la médecine moderne ou allopathique. De même les médecins du nord de l'inde, là où se situent les tibétains réfugiés, connaissent les limites et les conséquences de la médecine moderne et allopathique et de leur côté ils savent quand diriger un patient vers la médecine traditionnelle tibétaine. Que cela soit en Inde, en Chine ou au Japon la médecine préventive fait partie de la culture. Quand on aperçoit des séances de Taï-chi ou de Qi Gong quotidien et en public, principalement des personnes âgées mais aussi des plus jeunes, ces mouvements du corps sont une forme de soin, ces rendez-vous quotidiens, ce lien avec les autres sont une forme de soin. Il en est de même pour le Yoga ou la méditation que cela se fasse en groupe ou individuellement. La médecine chinoise a longtemps eu une visée préventive et même dans son approche sur l'affect, le médecin n'était récompensé que quand le patient était guéri, ce qui poussait le médecin à s'investir dans la résolution en apportant de la technique mais aussi de l'humain par sa présence.

En Occident, les médecins de familles, les médecins de campagnes faisaient de la prévention différemment, quand ils faisaient leur tournée pour visiter le plus âgé, il demandait pour tous les autres membres de la famille, il donnait des vitamines, il conseillait des vermifuges aux changements de saisons, il mesurait et pesait les enfants ce qui lui donnait l'occasion de vérifier que la croissance se passait bien. C'était aussi leur présence dans tous les moments de la vie des familles de la naissance à la mort et ils étaient parfois considérés comme un membre de la famille. C'était leur présence dans les villages, leurs personnes représentaient une assurance dans l'esprit des personnes. Ils n'hésitaient pas à passer un peu plus de temps pour écouter la complainte de la personne isolée dans sa problématique, souffrant de solitude ou encore la personne âgée qui cherchait juste un peu de réconfort. Ce n'était pas l'être froid qui ne jure que par la science, pour beaucoup dans les campagnes ils n'hésitaient pas à solliciter les services du rebouteux ou du coupeur de feu. Cette humanité s'est peu à peu étiolée avec la désertification, avec le formatage universitaire à ne croire qu'aux chiffres, à la technique, en pensant protocole plutôt que d'être dans l'écoute et l'adaptation.

C'est vrai, il n'y a rien d'innovant à proposer une médecine préventive, il n'y a rien de spectaculaire ou de techno-scientifique dans cette démarche. C'est vrai aussi que ça ne fait pas forcément vivre les grands laboratoires, qui verraient d'un œil inquiet que la population ait moins besoin de leur produit. Le risque de perte de profit les feraient et les font déjà attaquer ces initiatives, ce qui est peut-être un signe que c'est efficace. La technique moderne couplée des précédentes pourraient nous permettre non pas d'avoir la santé parfaite, mais de vivre le plus confortablement possible. Au lieu de cela c'est le profit qui prime sur le bien-être. Au lieu de cela c'est de vouloir toujours plus de technique dans l'humain qui en motivent certains.

L'être humain est encore un sujet plein de mystère et pourtant, les transhumanistes veulent aller au-delà de sa nature, alors que nous n'avons pas fini d'explorer les pouvoirs du corps humain et en particulier de son cerveau. Peut-être que ces découvertes sur nous-mêmes, doivent être faites dans un temps déterminé ? Bien que nous ayons des outils techniques, scientifiques et que nous vivions dans l'ère dite moderne, nous ne sommes peut-être pas encore prêt pour ces découvertes. Le fait d'ailleurs de se croire à une ère moderne est bien amusante, quand nos ancêtres pouvaient eux aussi se croire à une ère moderne par rapport à leurs ancêtres... Ce qui a traversé les temps ce sont certes des techniques, pas les techniques scientifiques, mais les techniques primitives. Ces techniques sont issues de l'expérience et chacune des médecines du monde ont suivi ce chemin. Certains comme Ellul ont appelé cela de la « magie », parce que nous ne pouvons pas réellement déterminer ce qui a créé la formule, ce qui a fait choisir une plante plutôt qu'une autre, mais nous savons que la formule doit être respectée pour obtenir le résultat. La formule est une technique, elle n'a pas forcément d'explication scientifique et c'est pour cela que J. Ellul parlait de « magie ». Pour ma part, je pense que le terme « magie » n'est pas mauvais, mais il manque une explication, c'est pourquoi je préfère la notion d'expérience. Si nous avons le résultat de la formule, c'est parce que des humains ont expérimenté des plantes et des combinaisons. Cela ne s'est pas passé en quelque mois ou années mais en siècles pour arriver au résultat final. La médecine ancestrale est le fruit de siècles et de siècles de recherches et d'expérimentation. Il est assez aisé aujourd'hui de dénigrer le travail d'autres humains sous prétexte que nous avons des outils modernes pour déterminer si c'est valable ou non et si cela aurait pu être fait plus vite ou non. Il faut prendre en compte une chose importante, c'est que ce temps de développement de la formule a aussi permis à l'homme de s'adapter à la nature et à la nature de s'adapter à l'homme. Les virus, les bactéries, ont toujours été présents, ils ont subi des mutations pour s'adapter aux hôtes chez qui ils se sont installés. L'être moderne ne peut pas comprendre cela, car il vit dans une immédiateté, dans un besoin de résultat vicié par l'avènement technologique.

La médecine allopathique moderne n'en est qu'à ses balbutiements par rapport aux médecines antiques. C'est pourquoi il serait ridicule de se séparer d'une histoire faites de recherches, d'expérimentation et d'adaptation, pour ne se fier qu'à un concept qui doit encore faire ses preuves dans le temps. Aujourd'hui rien ne permet de dire qu'une médecine soit plus forte qu'une autre, à part quelques opportunistes qui sont prêts à tout pour vendre un espoir, mais qui reste de l'ordre de l'idéologie. Rien, non plus, ne permet de dire qu'une médecine est bonne pour tous, quand nous savons, comme je l'ai développé dans « Rééquilibrage Alimentaire », que nous avons tous un microbiote qui correspond à une histoire et à un terroir. Nous n'avons pas tous la même façon de réagir par rapport à certaines molécules, qu'elles soient synthétiques ou naturelles. Nos organes ont une capacité d'absorption différente d'un individu à l'autre et autant une molécule sera bénéfique pour certains, autant elle n'aura aucun effet pour d'autres ou pire elle aura un effet toxique pour une partie des individus. C'est un mystère que même les outils modernes cherchent à comprendre mais qui paraît plutôt logique si on regarde d'un point de vue ethnique. A l'heure du brassage ethnique, c'est de tous les outils, de toutes les médecines dont nous avons besoin pour maintenir le bien être des individus.

Une médecine de l'alimentation saine, équilibrée et adaptée

L'obésité juvénile, mais aussi sur l'ensemble des âges par les pathologies liées, est un des deux fléaux qui représentent le risque de voir le système de santé être surchargé, en plus de l'offre de soin de moins en moins accessible dans les années qui viennent. Une des solutions serait d'adopter une alimentation saine équilibrée et adaptée.

Pour mieux comprendre ce que cela peut représenter, nous devons expliquer d'où vient cette augmentation des problèmes de surpoids. La première explication serait de croire que c'est un problème de nutrition. Dans le fond ce n'est pas faux, nous l'avons abordé dans un chapitre précédent, l'alimentation des jeunes est bien souvent beaucoup plus sucrée, parce que les modes de productions et de conservations de produits alimentaire industriels utilisent le sucre en grande quantité. C'est aussi le mode de consommation chez les jeunes qui, bien souvent, correspond plus à une alimentation de plaisir que de besoin. La recherche du plaisir est tout à fait normale, tout à fait explicable par l'association cérébrale qui a été faite dès les premiers instants de la vie entre sucre et plaisir. J'ai

Médecine et Santé

développé ce point dans l'ouvrage « Rééquilibrage alimentaire ».

Si nous regardons l'évolution de l'obésité dans le temps, elle est intimement liée avec l'évolution technologique. Cette dernière est sans doute l'une des causes indirecte à l'augmentation des personnes en surpoids. La technologie numérique et informatique a créé un phénomène de sédentarité qui au fil du temps s'est amplifiée. Le but n'est pas de faire une critique de la technologie informatique ou numérique, mais de comprendre les répercussions que cela a pu avoir sur la santé des êtres humains. Cette sédentarité a stoppé les mouvements du corps et favorisé les prises de poids. Une fois de plus, l'épidémie de 2020 a été assez révélatrice de ce lien de cause à effet. Le fait d'avoir été confiné pendant une période de 2 mois a fait exploser les chiffres du surpoids à l'issue de cette période. Cela a permis de vraiment mettre l'accent sur le problème que la sédentarité provoque sur les corps.

À part un manque de liberté et de proximité avec d'autres individus que ceux enfermés avec nous, le confinement de 2020 n'a pas eu de conséquences de manque au niveau technologique. Bien au contraire, nous étions entourés d'écrans de télé, d'ordinateurs, de smartphones, de tablettes, etc. Cela a permis d'amplifier et de pérenniser le télétravail ce qui est la forme absolue de sédentarité. Or, l'humain n'est pas un sédentaire, sa nature profonde est celle d'aller à la conquête d'un territoire, d'un environnement, d'une recherche de proximité sociale. L'évolution de l'homme s'est passé par la recherche du plaisir à travers l'alimentation, le dépassement de soi et tout cela se passait par la mise en mouvement du corps. Plus récemment là où nous allions chercher l'information, le lien social par nos déplacements physiques il y a encore quelques décennies, c'est à travers un écran que cela se passe aujourd'hui et sans doute encore plus demain. Cela a créé une sédentarité qui a eu pour conséquence d'augmenter des problèmes de santé liés à cette absence de mouvement, que cela soit des problèmes veineux, des problèmes posturaux ou comme nous pouvons le supposer, des problèmes de surpoids.

Croire qu'en s'alimentant sainement sans mettre le corps en mouvement, évitera la prise de poids est un leurre. Nous devons comprendre qu'une alimentation équilibrée ne se limite pas à manger sainement à tous les repas et de façon adaptée, une alimentation équilibrée c'est se nourrir sainement, de manière adaptée et en mettant en mouvement son corps. Si un de ces critères n'est pas respecté, cela ne correspond à aucun équilibre.

Pour en venir au dernier point qui est l'alimentation adaptée, que j'ai aussi longuement abordé dans « Rééquilibrage alimentaire », qui consiste en grande partie à se nourrir en fonction de nos origines ethniques. Loin de vouloir mener une politique de santé ségrégationniste, certains s'en occupent déjà très bien, le but d'adapter son alimentation en fonction de ses origines, c'est de permettre au corps de mieux gérer les nutriments en fonction de notre microbiote. Notre microbiote répond souvent à des informations liées à nos gènes, lesquels sont le fruit d'une adaptation millénaire à un environnement d'évolution. Une alimentation adaptée aussi en fonction de notre taille, de notre activité professionnelle ou physique. Une personne mesurant 1m50 se nourrira pas des mêmes quantités qu'une personne de 2 m, de même qu'une personne travaillant dans un bureau n'aura pas les mêmes besoins énergétiques qu'une personne travaillant dans le bâtiment. Cela peut aussi se voir dans une même catégorie d'activité, chez les sportifs par exemple, un bodybuilder mesurant 1m50 n'aura pas les mêmes besoins qu'un footballeur mesurant la même taille. Nous pourrions enchaîner les exemples, pour dire qu'une alimentation adaptée peut préserver aussi des problèmes de poids, mais aussi de santé en général.

La question n'est pas d'être pour ou contre la technique, pro ou anti ceci ou cela. Beaucoup de soignants trouveront que ce que nous venons de développer est complètement ridicule. C'est tout à fait leur droit, mais nous devons comprendre pourquoi ils ont ce mécanisme de pensée. Pourquoi doivent-ils prendre parti, ou se sentent-ils obligés de le faire, pour une technique plutôt qu'une autre ou d'une combinaison de plusieurs ? Est-ce parce que la profession les a rendus cynique ? Est-ce parce que le mode de pensée a été formaté par un discours ambiant qui prenait déjà parti pour la techno-science ? Est-ce motivé par une peur de ne pas maîtriser les techniques antérieurs ou de devoir s'y former ? Ou est-ce parce que l'humain ne fait pas ou plus partie de l'équation ? Le système technique de pensée ne laisse pas la place à la libre circulation des idées, il est protocolaire car qu'il doit être effectif pour exister. Mais cela empêche-t-il de combiner les techniques au sein d'un groupe de prise en charge ? Nous devons comprendre qu'il n'y a pas de mauvaise technique, bien au contraire, ce qui serait ridicule serait d'être pour ou contre une technique ou un outil et c'est pourtant ce qu'il s'est passé dès les années 2020. L'Homme, tout moderne soit-il, tout scientifique soit-il, a besoin de croire en quelque chose. Ces dernières années nous avons vu la religion ne plus donner cet espoir et l'objet des croyances s'est tournée peu à peu sur la technique moderne et la science. Ce qui prouve que l'être humain est plus qu'un être technique, il a besoin de spiritualité. La technique moderne a su apporter l'espoir, par des réponses miraculeuses aux problèmes qu'il y a encore cent ans étaient insolubles. La technologie a apporté par exemple des exosquelettes pour permettre aux paralysés de pouvoir se déplacer, retrouver une certaine autonomie, elle a aussi permis de créer des appareils pour permettre aux grands paralysés souffrant d'un syndrome d'enfermement de pouvoir communiquer grâce aux mouvements oculaires. Ce sont ces types de réponses par la technique qui ont permis de nourrir l'espoir chez les Hommes. Pour autant les anciennes techniques qui, elles aussi en leur temps ont créé cette forme d'espoir, doivent-elles être jeter à la poubelle ? Est-ce parce que nous n'avons pas vécu ces petites révolutions que nous devons les nier ? Sommes-nous à un tel point dans une société consumériste que même les espoirs doivent avoir une limite de consommation ? Nous voyons bien à quel point il serait ridicule de faire une hiérarchie dans l'emploi des techniques, si une technique a prouvé son efficacité à un moment de l'histoire moderne ou ancienne, est-ce parce qu'elle ne génère plus de profit que nous devons cesser de l'utiliser ?

Cette vision moderne de la technique par le profit aide une hiérarchisation qui, en fin de compte, fini par nuire au bien-être des êtres humains. C'est pourquoi nous devons nous poser la question, quelle médecine pour demain ? Que souhaitons-nous vraiment ? Une médecine du profit ou une médecine qui respecte l'intégrité et le bien-être par tous les moyens existant ?

C'est pourquoi nous devons prêter attention au fait d'une démarche de médecine préventive et pluridisciplinaire. Pluridisciplinaire ne veut pas dire que nous devons créer de super médecin, soignant ou thérapeute, cela veut dire de mettre en lien des humains dans leur maîtrise technique pour le bien-être et l'intégrité du patient. Cela demande une ouverture d'esprit sur le monde qui nous entoure et tout ce qui se prête de près ou de loin à une forme de médecine, dans le sens d'art de prendre soin ou de guérir. Si la danse, le taï-chi ou la méditation apportent le bien-être pourquoi se priver de ces techniques ou de les juger parce qu'elles ne correspondent pas à un modèle établi ?

La priorité dans la prévention c'est d'apporter une réponse la plus douce possible afin d'éviter ou de ralentir les catastrophes que nos modes vies, que les gestions politiques, d'offre de soins projettent. Peu importe que cela soit proposé par un médecin ou par un psychologue ou que ça ne soit pas proposé du tout, l'important est peut-être de prendre en compte qu'un parcours de santé pluridisciplinaire aura un bénéfice pour soi et pour la société. Cela implique que nous retissions le lien social, le réel celui où les personnes se rencontrent, se touchent, prennent le temps de s'écouter, de se regarder. Remettre de l'humain chez l'humain, parce que c'est un être spirituel et que la charge psychologique est essentielle pour nous sentir bien avec nous-mêmes et avec les autres.

Agriculture

Agriculture

4.1 Quelle agriculture pour demain ?

Voilà maintenant plus d'un siècle que l'utilisation d'outils modernes a fait son apparition dans l'agriculture. Dans ce qui suit nous allons mettre l'interrogation sur comment la technique peut nous aider à comprendre et améliorer ce que nous pouvons aujourd'hui reconnaître comme une dérive dans l'utilisation des outils et techniques modernes ? Dérive, parce que le constat sur les sols, sur l'eau, sur l'atmosphère polluée, altérées par une utilisation massive pour ne pas dire démesurée de la technique peut nous laisser interrogatifs sur le manque d'éthique dont il a été question pour le monde du vivant... Une des solutions se trouve aujourd'hui dans les techniques qui nous permettent de comprendre cette dérive – outils et méthodes qu'elles soient géologiques, hydrologiques, météorologiques, etc. – les conséquences mais aussi les actions à mener pour retrouver un équilibre dans le

Agriculture

meilleur des cas. Pour cela encore faut-il qu'il y ait une réelle prise de conscience sur ces utilisations abusives de technique par l'humain ? C'est ce que nous tenterons de développer ici. Il est avant tout nécessaire de comprendre qu'à la base, les techniques modernes n'avaient pas pour but de détruire, comme la plupart des techniques, mais que tout cela vient d'un facteur humain. Il a commencé à vouer un culte, comme une sorte de religion, à la solution technique la plus rapide, saupoudré par des idéologies conquérantes et capitalistes qui en ont fait des armes plutôt que des aides aux tâches, mais aussi un business toujours plus agressif.

Nourrir 10 Milliards d'êtres humains ?

Pour aborder ce sujet il est nécessaire de comprendre ce qu'est l'agriculture dite moderne, de ce que l'hyper production permet et cause, mais aussi de la réalité géographique de celle-ci. Notre objectif est tout d'abord une réflexion, le but n'est pas de critiquer les agriculteurs, mais de faire un bilan de ce que la technique a apporté à l'agriculture et ce qui arrivera, certainement, si nous continuons sur ce chemin. Nous avons déjà vu une modification des habitudes que cela soit par l'emploi de pesticides et autres machines et/ou techniques modernes, mais aussi la qualification de l'agriculteur qui, d'un autodidacte, apprenti d'une lignée familiale ou en tant qu'ouvrier, que nous appelions cultivateur/éleveur est devenu un exploitant agricole par les études et diplômes, par la taille et la complexité des terrains et élevages auxquels il a dû s'adapter au fil du temps pour être compétitif. La raréfaction de candidats et le marché toujours plus grandissant demande toujours plus de techniques en automatisation, nos exploitants deviendront peu à peu des techniciens de surface agraire de plus en plus théoriciens, de plus en plus ciblé sur la machine et la technique que sur la pratique et la connaissance par l'expérience. Ce ne peut avoir que des conséquences sur l'environnement, sur la qualité et sur la consommation des produits, ce que nous avons déjà abordé.

Dans le modèle technique actuel, l'enjeu, le défi principal auquel les états basés sur ce modèle sont confrontés est celui de nourrir 10 Milliards d'êtres humains dans les prochaines décennies. Le but vous l'aurez compris n'est pas de répondre à cette question, tout d'abord parce que cela demanderait un développement plus approfondit et aussi parce que le sujet que nous développons n'est pas

Agriculture

d'apporter des solutions toutes faites, mais d'être ensemble dans une recherche de solutions. C'est pourquoi notre but ici, est de réfléchir sur la manière dont la technique va être utilisée pour répondre à cette question de nourrir 10 Milliards d'êtres humains. Doit-on continuer dans le système technicien tel que nous le connaissons depuis la fin des années 50, au risque de voir toujours plus ce système engendrer de nouveaux problèmes environnementaux et humains ? Doit-on rejeter en bloc ces techniques pour en adopter de nouvelles, au risque de retomber dans les mêmes travers que le système précédent et de découvrir de nouveaux problèmes liés à leur utilisation ? Doit-on revenir en arrière et ne plus utiliser du tout de techniques modernes avec l'incertitude de pouvoir rentrer dans une production suffisante pour atteindre l'objectif ? Doit-on au contraire adopter une attitude de recul sur ce système en apprenant des erreurs et en n'utilisant plus la technique comme une réponse ultime, mais plutôt comme une aide éphémère ? Je vous accorde que ces questions peuvent paraître assez ciblées vers un choix plutôt qu'un autre, mais nous pouvons tout à fait développer l'argumentaire et le contre argumentaire pour chacune de ces propositions.

Agriculture

Que font les états ?

Nous pouvons d'ors et déjà être sûrs que les états d'occident et ceux qui se calent sur le modèle occidental, dans leur « technco-idolatrie » continueront dans le système technique tel que nous le connaissons depuis plus de 70 ans. Ils vont aller plus loin, et nous l'aborderons ci-dessous, en intégrant les techniques nouvelles avec le lot de problèmes inconnus que ces nouvelles technologies appliquées massivement, engendreront automatiquement. Ce choix n'est pas un secret ou une fantaisie de ma part, car nous pouvons observer les projets pour lesquels des pays comme la France se sont engagés à tenir, comme le projet « France 2030 » qui prévoit et espère une agriculture connectée, encore plus technique, encore plus productive et rentable. C'est un trait de caractère propre aux sociétés capitalistes qui voient le profit avant l'humain. Les beaux discours diront toujours que l'humain est leur priorité, ce qui n'est pas tout à fait exact, car l'humain dans leur modèle est une donnée qui, après profit, pourra être servi, comme une sorte de pari où les avantages arriveraient par ricocher... Leur vision est purement techniciste et l'humanisme ne fait pas partie du modèle, de la méthode, du protocole, car l'humanisme implique non pas de chasser la technique mais de revoir l'approche que l'état a envers elle, et cela les technocrates ne sont pas prêts de l'admettre. Leur vision voit des avantages, là où nous sommes nombreux à voir des inconvénients et c'est exactement la même chose pour eux en ce qui nous concerne. Ce qui serait souhaitable c'est que nous fassions un pas vers l'autre, mais malheureusement chacun préfère rester dans sa bonne parole à défendre sa chapelle. Nous pouvons constater avec regret que le dialogue est impossible, voire dangereux tant les oppositions sont fortes et que l'usage de la répression policière est devenue un automatisme chez les politiques de nouvelles générations, lorsque la contestation cherche à se faire entendre.

Devant les enjeux qui nous concernent tous, nous ne pouvons pas rester dans ces guerres de clocher... Le pouvoir politique raisonne en termes de résultats politiques, il pense économie et innovation en adoptant une idéologie selon laquelle le bien être d'un peuple ne peut passer que par ces deux courants. Que cela soit en agriculture, en médecine ou en énergie, nous ne manquons pas de constats, nous vivons malheureusement dans la croyance en une réponse technique immédiate. Tout se fait dans un temps démocratique et à aucun moment sur un temps long. Cela est principalement dû à des idéologues à mouvance capitaliste et progressiste qui défendent ces idées depuis des décennies un peu partout dans le monde. L'économie et l'innovation sont certes importantes, mais est-ce le gain par et à travers la machine qui doit motiver le bien-être ? Est-ce que le bonheur et le bien être humain ce n'est pas autre chose que le gain ? Peut-on le voir sur l'angle de la subsistance ? L'être humain a-t-il besoin de crouler sous une montagne d'aliments ou a-t-il simplement besoin de pouvoir se nourrir qualitativement chaque jour pour continuer à vivre et se sentir bien ? Le caractère technicien n'est pas de transmettre un enseignement, il est de répondre à un problème par un artifice qui va automatiquement donner la solution. Ce caractère s'additionne à une logique capitaliste d'un rapport à la quantité, qui consiste à dire que plus il y a, mieux c'est, cependant à quel moment peut-on déterminer que nous avons atteint le « mieux » ? Comme cette donnée est incertaine il faut donc toujours plus, plus de quantité et plus d'artifice. C'est dans cette logique que fonctionnent les états et soumettent des politiques d'hyper production, jusqu'au jour où ils s'apercevront des dégâts de cette logique, que cela soit sur le plan environnemental, sur le plan animal ou humain. À ce moment-là que feront-ils ? Ils répondront par toujours plus de techniques. Parce qu'envisager les choses autrement c'est prendre des risques, celui de sortir d'un modèle qui est ancré dans la plupart des mentalités, celui de perdre un confort mental et physique que la population n'est pas prête à faire et tout cela ça ne sert pas les intérêts politiques. Malheureusement les problèmes continuent à envenimer la situation qui est catastrophique pour l'ensemble de l'humanité, mais dont certains tireront toujours leur épingle du jeu.

Ce constat se confirme quand nous pouvons lire le rapport sur les projections alimentaires pour 2030 de l'Organisation Mondiale de l'Alimentation. Pour répondre à cet enjeu tout est accès sur le rendement, en ciblant la technique sur la sélection de céréales (considérer comme le meilleur aliment) qui vont donner les plus hauts niveaux de rendement. Malheureusement, quantité ne veut pas forcément dire qualité. À aucun moment il n'est question de qualité alimentaire, mais seulement de rendement sans parler des conséquences que ces sélections et autres modifications génétiques peuvent avoir sur la santé humaine. Nous pouvons alors comprendre que le but c'est le chiffre que va générer cette superproduction et pour la disponibilité et pour le salaire des agriculteurs, mais pas question de parler de prévention. Les conséquences que ces superproductions et ces supers sélections peuvent avoir sur la santé sont gérés de la même façon, c'est-à-dire la technique génère un problème qui sera réglée par un

Agriculture

aménagement ou une solution technique. Ainsi va la marche du Progrès ! Si ce type d'organisation ou si les états commençaient à préconiser la prévention avant tout, le risque que le progrès technique puisse être menacé est trop grand dans le modèle de business sur lequel les industriels et actionnaires se sont basés. Pourtant ce modèle peut à tout moment vaciller, il suffit qu'une énergie vienne à être épuisée et la grande machine s'arrête.

Nous le voyons déjà, un grain de sable dans l'engrenage peut créer des catastrophes humaines au 4 coins du monde. Comment répondre à cette question, alors que la plupart des pays occidentaux ont fait le choix d'une dépendance alimentaire ? Que nous avons rendu dépendant les pays du bassin méditerranéen et d'Afrique, à des céréales qui ne poussent pas ou plus chez-eux ? Que les pays riches de l'Orient comme le Japon, voient leur nombre de jeunes décroître ? Ce pays (le Japon) qui à miser très fortement sur le secteur technologique et qui a abandonné son agriculture... Nombreux sont ceux qui se sont questionnés sur cela et qui ont commencé à y voir des opportunités... De grosses fortunes issues de l'informatique ou de la vente en ligne ont anticipé ce problème en achetant des milliers d'hectares de terres agricoles, en particulier, aux États-Unis. Le conflit Russo-Ukrainien au-delà de la stratégie

Agriculture

énergétique et géographique est aussi un conflit pour la quête de terres fertiles et au plus bas prix occidentale. Cet enjeu qui concerne l'humanité ne pourra, une fois de plus, pas échapper à une dépendance de propriétaires privés, oligarques ou milliardaires, qui s'adonnent à une spéculation agraire sans précédent. Leur but est non seulement d'en retirer un profit par leur monopole – car il serait bien naïf de croire que ces personnes ne fassent ces achats que par pure philanthropie – mais aussi et surtout pour imposer des techniques agricoles modernes très coûteuses, sous licences et qui va redéfinir le prix des aliments en fonction de ces facteurs.

Ce que nous pouvons constater, c'est qu'il y a une prise de conscience, que le système tel qu'il a été voulu pour l'agriculture est arrivé à une situation problématique. Dans ce type de prise conscience très médiatisée, les gouvernements sont sollicités pour résoudre le problème, comme souvent. Quand les gouvernements s'attachent à vouloir résoudre un problème, ils vont prendre des mesures en fonction d'une idéologie, ils vont s'attacher à ce qu'on appelle le consensus. Or, le consensus reste un concept qui n'a rien de scientifique, puisqu'il correspond généralement aux limites d'une connaissance actuelle et très souvent biaisée en fonction des intérêts de chaque courant. C'est

Agriculture

pourquoi, les gouvernements vont imposer une idéologie pour résoudre un problème même si celle-ci ne fait pas... consensus, en tout cas pas dans la population. Comme la solution s'impose, comme étant la seule « possible », nombreux sont ceux qui, informés des autres courants idéologiques, vont trouver cette mesure mauvaise voire absurde. Les gouvernements étant là pour « normaliser » (pour peu que la normalité puisse exister) peu importe la forme, la taille de la structure à laquelle doit s'appliquer la solution, elle n'aura d'autre choix que d'obéir sous peine de sanctions. Les gouvernements adoptent une idéologie en fonction du caractère technique qu'elle propose pour trouver une solution, mais aussi en fonction de l'économie qu'elle va générer bien que cela soit souvent pour des intérêts privés. C'est ainsi que des produits dangereux pour l'environnement peuvent continuer d'être sur le marché même si les gouvernements reconnaissent qu'ils représentent un problème (exemple du chlordécone qui a été un de ces produits et le glyphosate qui l'est encore en 2022). A cela, nous pouvons dire que c'est le résultat d'une société devenue dépendante à des solutions toutes faites.
Bien souvent, nous pouvons constater les signaux d'alertes que certains appellent signaux faibles qui vont se transformer en problème, mais plutôt que d'agir et de trouver des solutions qui vont faire sens pour nous, d'agir

Agriculture

en prévention, nombreux sont ceux qui demandent aux gouvernements de donner une solution. Ce qu'ils finissent par faire… bien malheureusement une fois que la catastrophe est installée ou plus grave parfois quand cela correspond à un cahier des charges politique. Pourquoi en arriver là ? Quand un peuple laisse son destin entre les mains d'une poignée de personnes, il donne à chaque fois, un peu plus de pouvoir à cette minorité. Cette minorité va finir par se rendre indispensable en infantilisant toujours un peu plus le peuple, pour que celui-ci soit en demande permanente de solutions. Les choses ne peuvent changer que lorsque cela « fait sens » pour chacun, quand une solution est proposée mais qu'elle ne résonne pas avec nos valeurs, les chances que le problème se résolve sont quasi nulles. Beaucoup de problèmes que nos sociétés rencontrent pourraient être résolus par la recherche de solutions entre nous, elles pourraient avoir davantage de succès parce qu'elles seraient appliquées avec conviction. Nos aïeux l'avaient compris et le faisaient plus facilement qu'à notre époque moderne et hyperconnectée et cela se reflétait aussi dans le choix et l'éducation des politiciens de cette époque. Il y a eu une sorte de basculement dans l'histoire moderne, qui a fait que la recherche de solution autant que la prévention ne sont plus des automatismes alors que nous avons des outils techniques beaucoup plus évolués et disponibles que nos anciens ne pouvaient avoir. Il en est de même pour la solidarité et l'entraide qui pourraient de nos jours être encore plus développés avec les outils de communications que nous avons à notre disposition. Ce ne sont pas les outils modernes qui ne remplissent pas leur fonction, mais plutôt une utilisation galvaudée de ceux-ci qui effacent la solidarité. Ce détournement souligne une modification dans l'esprit des individus, qui plutôt que de créer, sont dans une attente, une forme peut-être puérile de l'utilisation des outils qui offrent une satisfaction mentale immédiate, plutôt qu'une construction par l'apprentissage avec les autres. C'est ainsi que peut-être cette attente de solutions se reflète dans le choix et l'éducation des politiciens actuels qui finissent par vivre dans une croyance technique dans la politique, mais qui doivent agir pour satisfaire le désir, par un plaisir immédiat et elle est souvent d'ordre techno-scientifique. Il est nécessaire de comprendre qu'il n'y a pas UNE solution, mais DES solutions.

Les solutions parfaites n'existent pas, c'est l'analyse critique des échecs qui permet de s'améliorer.

Il serait tout à fait exagéré de se positionner en technophobe, autant que de se positionner en technophile, il est avant tout important de prendre conscience des enjeux mais aussi de reconnaître que les outils modernes permettent un travail plus efficace, sans non plus tomber dans des notions de productivité et de rentabilité. L'efficacité dont je parle, et c'est là où je situe l'intérêt de la technique, c'est celle de où elle intervient dans le bien-être humain, dans la pénibilité de la tâche. Difficile de faire un barème de ce qui est pénible ou pas, car cela dépend d'un ressenti personnel. Ce qui est en revanche mesurable individuellement c'est l'intérêt que l'on va porter à un outil technique par l'importance dans le temps d'utilisation. Quand on porte des lunettes on les utilise le temps où nous sommes éveillés et où notre vue a besoin de cet outil, à partir du moment où on se couche, que l'on ferme les yeux dans l'obscurité pour dormir, nous pouvons facilement convenir qu'elles ne nous sont d'aucune utilité. Pourquoi les autres outils ne pourraient pas avoir cette même utilisation dans le temps ? Mon but n'est pas de donner de bons ou de mauvais points à la technique, mais de poser des questions sur l'utilisation que nous en avons fait durant des années dans l'agriculture et en particulier celles qui se sont rendues « indispensables » mais dont l'excès a provoqué les catastrophes que nous pouvons constater aujourd'hui. L'agriculture a besoin de la technique moderne pour faciliter le travail, pour comprendre et

Agriculture

réparer les erreurs doit-elle pour autant devenir un automatisme, voir un substitue de l'agriculteur ? Cette éventualité serait tout à fait excessive et serait une réponse qui ne prend pas en compte les problèmes que l'utilisation effrénée de ces techniques modernes ont pu créer, c'est pourtant ce qui semble se jouer actuellement.

Nous l'avons déjà abordé, la concentration de population dans les mégalopoles a généré l'augmentation de besoin et de surcroît l'augmentation de production pour assurer la survie. Bien que les pays occidentaux voient leur démographie vieillir, avec une espérance de vie que nous pouvions encore considérer comme longue il y a quelques années, mais dont nous pouvons à présent constater un déclin ; Ce n'est plus le cas des pays dits émergents qui au contraire ont des démographies très jeunes avec un fort taux de natalité et aussi une longévité qui commence à se stabiliser avec l'occident, voir même à être dépassée. Le phénomène que nous commençons de plus en plus à constater et qui va s'accentuer dans les prochaines décennies, c'est le déplacement de ces populations jeunes qui par des facteurs climatiques et économiques font et feront ce chemin du Sud vers le Nord. La répercussion de la surproduction alimentaire et énergétique, sur le climat,

Agriculture

sur les sols, dans la disponibilité en eau, fait que le prochain enjeu sera pour eux comme pour nous, celui de la calorie.

Comme nous avons pu le voir avec ce que l'Organisation Mondiale de l'Alimentation préconise, la réponse des techniciens sera toujours plus de technique et comme nous vivons dans des états où les décisions politiques sont prises en fonction de la technique, nous aurons pour unique solution celle de toujours plus faire confiance aux outils de la technologie moderne sans jamais remettre en question l'utilisation abusive de ces technologies qui nous ont menés aux problèmes actuels. La création des mégapoles dont nous venons de parler ont cette caractéristique d'avoir éliminé toutes végétations naturelles pour en créer une artificielle « adaptée à la ville ». L'erreur se trouve peut-être là, qui est celle d'avoir adapté la nature à la ville et pas le contraire. Nous retrouvons, bien souvent, une végétation sous assistance en termes d'irrigation et de nutriments, mais surtout une végétation purement ornementale sans aucun intérêt pour les habitants de ce milieu, si ce n'est le plaisir des yeux. Un plaisir des yeux, qui ne nourrit pas, qui n'aide pas à la survie, ce qui montre dans quelle idéologie ces mégapoles ont été construites. C'est l'aboutissement d'une croyance d'une administration, d'un état qui se voit riche et qui, comme solution à l'alimentation ne se voit

Agriculture

plus être un moteur de production mais celui d'un simple consommateur. Tout se règle par l'importation de ce dont on a besoin et la calorie n'est plus une bataille du quotidien. Il serait pourtant simple de planter des arbres fruitiers et des légumes à la place de ces plantes ornementale, de poser des ruches sur certains toits pour aider à la pollinisation. Maintenant que les villes se veulent moins polluantes en limitant la circulation des véhicules, pourquoi ne pas envisager des espaces où l'alimentation est disponible pour tous ? Est-ce utopique ? Certainement, mais c'est surtout une question de choix. Or, nous savons que ce choix ne se fera pas, parce qu'un autre système est dominant. Il est dominant parce que nous l'avons laissé prendre ce monopole, parce que nous avons pendant des décennies choisi la solution de facilité, de confort, c'est même devenu un automatisme. Mais voilà qu'à présent un défi majeur se présente à nous, celui de nourrir deux voire trois fois plus de personnes qu'à la naissance de ces villes, que la plupart des agriculteurs sont en train d'arrêter leur activité, parce que le modèle économique et la technique de monoculture ne sont plus suffisamment rentables et que l'idéologie technicienne a tout misé sur un type de culture comme nous avons pu le voir avec les céréales. L'état tiendra-t-il encore longtemps dans sa croyance d'être un pays riche qui peut se passer d'être un moteur de production ? Si un réveil se fait, nous pouvons aisément prédire que sa forme sera celle de la technique, parce que nous sommes aujourd'hui incapables d'imaginer perdre le confort et la facilité dans lesquelles nous nous sommes installés. Il paraît difficile que cette forme soit différente parce que la plupart d'entre nous manquons de pédagogie, mais il est aussi possible que cela soit dû à un manque de discipline, parce que les peuples occidentaux n'ont pas été élevés dans l'idée d'une bataille pour une recherche calorique quotidienne.

Agriculture

4.2 L'eau comme élément clé de la disponibilité ?

La disponibilité et l'étude de l'eau font partie d'un débat d'expert qui commence à toucher le grand public par l'accent médiatique qui est mis sur l'écologie. L'eau et sa disponibilité semble être nouveau pour le public , mais voilà des décennies que des experts alertent sur la préservation de cet élément essentiel. Une fois encore, je ne me positionne pas comme un expert dans le domaine et je serai assez peu crédible pour affirmer quoi que ce soit dans ce domaine, quand je vois que même les experts entre eux se livrent batailles. Notre intérêt ici est de comprendre quelques éléments de base et comme nous le faisons depuis le début de nous poser ensemble les questions sur les causes et les conséquences et à partir de cela adapter des réponses et autres solutions que nous jugerons à notre convenance. Nous devons comprendre que l'eau fait partie d'un cycle, pour faire simple le soleil provoque un réchauffement de l'eau présente au sol, dans les végétaux

Agriculture

(évapotranspiration) et plus encore dans les mers et océans, ce qui crée de la vapeur d'eau et va contribuer à la formation de nuage, c'est le phénomène de condensation. Ces nuages vont par la suite restituer cette vapeur sous forme de pluie qui va alimenter les sols, les plantes et les rivières qui vont autant par leur écoulement en surface que souterrain se retrouver dans les mers et océans et ainsi de suite... Pour que ce cycle puisse être efficient nous ne pouvons pas uniquement compter sur la condensation maritime, nous avons aussi besoin que la végétation soit suffisamment prospère et qu'un bon équilibre en CO_2 et oxygène soit présent pour que la terre et les végétaux puissent restituer cette vapeur, or nous pouvons faire un constat assez simple si nous venons à manquer d'eau aujourd'hui, c'est sans doute en partie lié à l'activité humaine. Plus les villes grandissent, plus des superstructures agricoles se forment pour faire de l'élevage intensif, plus des zones industrielles en tout genre se construisent, plus la végétation naturelle finie par disparaître. Nous semblons avoir oublié que la végétation et le sol font partie du cycle de l'eau. Pour faire simple, le sol est ce qui permet aux plantes de prospérer et aussi à l'eau de circuler. Comme l'explique Marc André Selosse, directeur du muséum d'histoire naturelle de Paris, le sol est composé de micro trous qui vont permettre à l'oxygène de se dégager

Agriculture

et à l'eau de circuler pour aller vers les rivières. Quand un sol est labouré on crée des trous artificiels et éphémères qui vont dégager plus de dioxyde de carbone que naturellement. Quand on rase un sol de sa végétation pour construire des bâtiments on tue ce sol. Les plantes agissent comme un poumon, le dioxyde de carbone est aspiré par la végétation et celle-ci rejette de l'oxygène et créer de la vapeur d'eau. Et le phénomène d'évapotranspiration agit de sorte que les précipitations issues des nuages qu'elle forme, vont être plus fréquentes là où la végétation prospère le plus.

Quand nous créons un désert, pour construire une ville, ou pour faire des mégastructures agricoles nous interrompons ce cycle naturel. Nous pourrions penser que le fait d'exploiter des terres pour l'agriculture va permettre à ce cycle de fonctionner correctement, mais cela reste insuffisant, voire contre-productif. En effet en utilisant les méthodes de l'agriculture moderne, les sols sont de plus en plus appauvris, maintenus sous assistance notamment par l'apport de nutriments, ce qui fait qu'au contraire d'un cycle naturel, l'agriculture moderne demande beaucoup plus de tout et l'irrigation en fait grandement partie. Comme nous venons de l'aborder, nous pouvons bien souvent voir que les sols s'appauvrissent jusqu'à mourir par

Agriculture

l'effet de salinisation, le phénomène est encore plus accentué dans les régions maritimes. Ce qui reste le plus efficace ce sont les arbres... Cependant ils doivent se constituer en forêt pour être efficace, planter des arbres ne mène à rien et ne suffira pas, pour que cela soit efficace cela prend des dizaines d'années, ce sont des graines, des noyaux et des glands qui doivent constituer ces forêts, car il est nécessaire de les laisser vivre, pour créer un réseau souterrain avec un développement microbien et le fameux phénomène de trous dont parle Marc André Sélosse.

Nous pouvons remarquer que bien souvent dans les grandes structures agricoles les arbres sont quasi inexistants, sauf bien évidemment dans la production fruitière. Nous l'avions abordé dans rééquilibrage alimentaire, cela est dû au fait que les bocages aient disparus en faveur de terrains plus aptes à la monoculture massive. Cela ne veut pas dire que tous les arbres aient disparu de ces champs, mais nous devons reconnaître qu'ils sont moins nombreux et que bien souvent quand ces terrains sont encore fréquentés par des vaches, elles viennent chercher de l'ombre sous ces quelques arbres encore présents. Ces grands champs, nous le voyons sont souvent en détresse hydrique parce que les nappes souterraines ont été beaucoup sollicitées par un seul type

Agriculture

de culture, par l'utilisation du labour qui a aussi créé au fil du temps un déficit, par le fait que le réseau souterrain que les arbres pouvaient créer pour un transport d'eau par leur racine n'existent plus, mais aussi par les entrants chimiques qui ont rendu ces nappes impropres voire néfastes pour les végétaux. Ces pourquoi nous pouvons constater que l'irrigation est devenue un automatisme pour ces superstructures avec comme nous l'avons déjà abordé plus haut un risque de salinisation. Bien entendu des solutions techniques ont été trouvées, comme la création de bassines qui ont fait et font encore polémique, par la non-solution qu'elles apportent. Ces bassines puisent dans les nappes phréatiques pour être remplies et ne servent en fin de compte que de petits groupes d'exploitants agricoles, propriétaires de mégastructures, ayant contribué à financer leur construction. Cette vision de l'exploitation des terrains, nous a fait comprendre que à mesure du temps les sols finissent par être appauvris par ces monocultures et deviennent des jachères puis des déserts. Nous pouvons aussi remarquer un phénomène particulier à ces grands espaces vidés de végétations, Masanobu Fukuoka en parlait déjà en son temps dans le livre « la voie du retour à la nature », l'absence d'arbres fait en sorte que les sols emmagasinent plus de chaleurs que les espaces boisés. J'ai moi-même pu remarquer ce phénomène, je me souviens

Agriculture

être passé à travers les champs de blé fauché, par des températures caniculaires et avoir fait le constat que la température affichée sur le thermomètre de la voiture était beaucoup plus haut à ces endroits, que quand je traversais quelques centaines de mètres plus loin des forêts. Sans aller dans les champs nous pouvons très bien faire cette expérience sur les routes recouvertes uniquement de bitume et celles où arbres et végétation sont présents. La fraîcheur que peut apporter la végétation n'est pas suffisamment exploitée dans les villes où nous seulement les véhicules dégagent de la chaleur mais où celle-ci est multipliée lors des périodes estivales.

D'après Marc André Sélosse, pour répondre à la question de l'eau nous devons aussi nous concentrer sur la sauvegarde et le rééquilibrage des sols, comme nous l'avons mentionné plus haut avec une utilisation moins fréquente du labour, en évitant les entrants chimiques pour favoriser la vie souterraine autant pour les vers de terres, que pour le monde microbien comme les champignons et les bactéries qui contribuent à l'élaboration d'un micro réseau hydrique nécessaire pour les végétaux mais aussi pour les animaux.

Ce qui se profile et qui mérite que nous nous interrogions dessus c'est l'avancée de ces déserts autour des mégapoles,

Agriculture

qui d'un côté profite à l'extension de celles-ci, mais d'un autre montre le problème de la disponibilité en eau et de l'approvisionnement dont ces milieux urbains ont besoin. En Israël ce phénomène est déjà présent depuis des années et la solution pour avoir de l'eau, s'est concentrée sur la construction de complexes de désalinisation d'eau de mer. Le coût de ces structures est énorme autant pour leur conception que pour leur fonctionnement et leur maintenance. Nous pouvons d'or et déjà nous attendre aux mêmes conditions climatiques que nous pouvons trouver en Israël, celles-ci nous seront de moins en moins étrangères aux vues de l'évolution des sécheresses que nous pouvons connaître dans le sud de l'Europe. Mais aussi et surtout nous pouvons nous y attendre par le caractère « miraculeux » que cette technique propose et qui au nom du Progrès, mais aussi du profit sera de plus en plus démocratisé dans les pays occidentaux. C'est pourquoi nous pouvons nous poser la question suivante : Combien de temps nous reste-t-il avant d'appliquer les mêmes « solutions » qu'en Israël ? Parce que tout semble être fait pour que rien ne change dans l'idéologie productiviste et destructrice. L'industrialisation massive, l'agrandissement des espaces urbains sont en grande partie responsables des pénuries d'eau et contribuent à ce que l'on nomme « changement climatique ». Nous connaissons pourtant le

Agriculture

cycle naturel de l'eau depuis longtemps, c'est pourquoi nous pouvons nous demander pourquoi en ayant connaissance de cela nous avons continué dans ce système de destruction ? Est-ce parce que nous pouvions penser que la technique serait là pour nous sortir de cette situation ? Évidemment que les gestionnaires ont voulu répondre à la demande de logement, de créations d'entreprises par une affluence massive de personnes dans les grandes villes. Mais en voulant répondre techniquement à cette demande, un problème annexe s'est créé au fil du temps et voilà que maintenant ce problème peut devenir majeur pour la survie. Sans compter le déséquilibre que ces déserts et ces milieux urbains provoquent. Les passages dépressionnaires deviennent de plus en plus violents quand aucune végétation ne peut en profiter ou freiner l'afflux d'eau qui provoque inondations et coulées de boues meurtrières.

Sans eau, pas de vie possible.

Tout ce que vit autour de nous a besoin d'eau, un simple déséquilibre dans cette balance peut très vite devenir un chaos généralisé. Actuellement l'utilisation de l'eau se fait de plusieurs manières, en France 64 % de l'eau est utilisée pour la production d'électricité, 16 % en eau potable, 10 %

Agriculture

pour l'industrie et 9 % pour l'irrigation. Quand seulement 1 % de l'eau potable est utilisé pour boire, certaines questions se posent sur la répartition de l'eau. Pour être un peu plus précis les hydrologues ont une classification pour l'eau qu'ils nomment « empreinte de l'eau », cela se partage en trois grandes catégories, « l'eau bleue » pour l'usage domestique, agricole et industrielle, « l'eau verte » qui est l'eau de pluie stockée dans les sols et qui se dégage par évaporation et « l'eau grise » qui est l'eau polluée, celle que l'on rejette dans les stations d'épuration. En France la production d'eau se répartit à 76 % d'eau verte, 18 % d'eau bleue et 6 % d'eau grise. L'eau bleue est majoritairement utilisée pour les cultures mais aussi pour un usage industriel, la consommation domestique et pour l'élevage est minime comme nous venons de le voir. Nous devons donc nous adapter avec 18 % d'eau bleue sur 90 milliards de mètre cube sur une année pour l'ensemble de la population. Ces chiffres datent de 2012 et l'inquiétude aujourd'hui c'est que ce pourcentage d'eau bleue soit dangereusement en baisse. Récemment des efforts commencent à être faits, notamment dans la production d'électricité où certaines centrales ont fait le test d'utiliser de l'eau grise pour produire et réguler. Dans l'agriculture, ce ne sont pas les bassines si controversées qui vont

Agriculture

contribuer à apporter des solutions, bien que ce soit de l'eau verte, celles-ci ne vont servir que 4 à 5 exploitations.

La situation peut-elle devenir critique ? La tendance tend vers une dégradation de plus en plus forte de la qualité et de la disponibilité de l'eau si son utilisation continue à se faire comme une ressource inépuisable. Il est probable que les dérèglements puissent être plus nombreux en continuant dans la destruction de ce fragile équilibre : végétal, eau, émission de CO2 et assimilation de dioxyde de carbone dont la nature a besoin. Le monde moderne pense trop souvent pouvoir vivre à une vitesse excessive parce que la technologie moderne le permet. Ceci n'a pas toujours été le cas dans l'histoire occidentale, les Romains avaient compris l'importance de l'eau et c'est pour cette raison qu'ils ont créé des structures – souvent encore présentent aujourd'hui – qui ont permis l'acheminement, le stockage et le recyclage de l'eau. Dans de nombreux pays dans le monde l'importance de l'eau potable/domestique et de sa préservation est une question quotidienne. Dans un pays riche comme la France, nous sommes rentrés dans une illusion de confort par rapport à l'eau, avec tous les arguments qui vont avec : « C'est un pays pluvieux », « Il y a très peu de sécheresse », « Nous avons des milliers de rivières et nos grands fleuves sont la preuve que nous ne

Agriculture

manquons pas d'eau » etc. Pourtant chaque année, de nombreuses rivières sont interdites de pêche, dû à la pollution industrielle. Les fleuves aussi sont souvent jonchés de détritus et autres produits chimiques déversés par les ménages et les industries. Les pluies se font de plus en plus rares et/ou de plus en plus violentes et ne rétablissent pas l'état des nappes phréatiques, les périodes de sécheresse s'accentuent. Nous vivons avec l'idée que l'eau potable sera toujours disponible parce que des organismes s'en occupent, parce qu'ils ont les moyens techniques pour la rendre potable comme nous l'avons abordé avec l'exemple israélien. Pourtant la technique a ses limites et les organismes/entreprises qui s'occupent de l'eau ne peuvent pas y faire grand-chose. Nous le voyons avec les réseaux d'eau qui se voient être fermés dans certains villages et où la distribution d'eau en bouteille devient la seule solution… Pour combien de temps ? Le temps est cette donnée inconnue dans la disponibilité. Si nous continuons sur ce chemin, il est possible que même l'eau en bouteille ne soit plus disponible puisqu'elle aussi dépend de réserves souterraines. Difficile d'envisager des pénuries d'eau qui restreindrait la consommation d'eau à boire et il est aussi difficile d'envisager une agriculture sans eau. L'irrigation est certes une solution, mais elle finit par détruire plus que ce qu'elle ne sauvegarde. L'érosion des sols due à l'irrigation est déjà une réalité dans les pays du sud de l'Europe. Elle peut aussi être une réalité en France dans les années à venir quand nous sommes déjà à plus de 50 % d'utilisation d'eau par irrigation dans les régions du Sud. Il semble important de reconstituer les nappes phréatiques et cela demande de faire des efforts autant sur le reboisement que la revégétalisation mais aussi sur l'utilisation de produits chimiques et pétroliers.

L'utilisation des énergies fossiles peut connaître, si on en croit les experts, une chute dans les années qui viennent car nous serions arrivés dans la pente descendante de ces ressources. En partant de cette prévision, l'industrie chimique pourrait connaître une petite révolution si ces énergies venaient à ne plus pouvoir être utilisées. Doit-on voir cela comme une lueur d'espoir pour l'environnement ? Quelles autres technologies feront leur apparition et quelles en seront les conséquences ? Comme nous le voyons depuis le début de ce traité, peu importe le type de technologie moderne qui sera adopté, si l'utilisation est exactement dans la même idéologie que celle du système technicien dans lequel nous sommes depuis plus de 50 ans, nous devrons nous attendre à des conséquences sur l'homme et sur l'environnement. Sans analyse critique et sans une réelle volonté d'agir en conséquence de cette critique le résultat sera exactement le même. En 2022, l'utilisation des énergies fossiles et de la chimie sont toujours d'actualité et même si une évolution devait arriver dans cette utilisation, nous pouvons certainement compter cela en dizaines d'années, ce qui revient à dire que l'eau et l'environnement en général peuvent encore subir une pollution industrielle pour quelque temps encore et je le rappelle, le temps c'est la donnée que nous ignorons avant que le désastre ne soit trop avancé.

Nous pouvons comprendre que l'eau est une ressource dont on ne peut pas se passer, que nous restions sur cette planète où que certains en cherchent une autre pour y migrer, cela reste l'une des premières ressources avec l'oxygène qui va déterminer la vie. Nous sommes entourés de cette ressource que cela soit dans et pour notre organisme, mais aussi pour et dans notre environnement et notre atmosphère. L'inquiétude actuelle se concentre sur le dioxyde de carbone et certains scientifiques s'inquiètent de la vapeur d'eau qui serait une des causes de l'effet de serre. Pourtant c'est le CO_2 qui permet de créer un équilibre dans l'atmosphère, en transformant cette vapeur d'eau en rosée, tout ne tient qu'à un maigre équilibre qui, si nous ne le maintenons pas, risque de créer des augmentations de températures bien plus importantes que celles que nous avons connu jusqu'à maintenant. Cela dit, les inquiétudes sont multiples et peuvent être paralysante si nous restons au niveau du constat, ce qui est important c'est de savoir comment nous pouvons agir à partir de ces constats. L'information est aujourd'hui disponible, des solutions sont déjà connues, doit-on attendre que cela soit l'état qui dicte une règle pour agir ? Ou bien, peut-on agir chacun à notre niveau ? Nous avons tous un contact quotidien avec l'eau, si nous prenons un peu de temps pour comprendre notre relation à cette ressource et l'utilisation que nous en faisons, il est probable que des points d'amélioration puissent naître, c'est cela que j'appelle une analyse critique qui amène un changement.

Agriculture

4.3 La disparition des abeilles...

Bien que l'eau représente un enjeu majeur, il y a une autre ressource qui reste essentiel au bon fonctionnement de la nature qui se trouve être les abeilles. En une trentaine d'années le pourcentage de présence de ces insectes est constamment en baisse, ce qui est préoccupant pour qu'un équilibre symbiotique soit maintenu. Bien sûr nous connaissons certains de ses ennemis comme la pollution, l'utilisation massive de la chimie, le dérèglement climatique, mais il en existe bien d'autres et ce cumul risque de nous priver des bénéfices de nos travailleuses de la nature que sont les abeilles dans les années à venir. Peut-être pas une disparition totale, mais une raréfaction des espèces qui a terme aura des conséquences sur l'environnement.

Agriculture

« Si l'abeille venait à disparaître, l'homme n'aurait plus que quelques années à vivre. »

Cette citation que nous attribuons bien souvent à Albert Einstein, n'a jamais été retrouvé dans ses écrits, néanmoins elle ne demeure pas fausse, puisqu'elle met l'accent sur un phénomène qui nous concerne tous sur l'importance des pollinisateurs que cela soit autant sur l'environnement que sur notre alimentation.

Dans les années 90 l'abeille était menacée par un pesticide appelé Gaucho, qui était appliqué sur les semences de tournesols. Ce pesticide est aujourd'hui reconnu comme un tueur d'abeilles qui a décimé 450 000 ruchers à l'époque, mais entre le moment de la commercialisation de ce produit et la reconnaissance de sa nocivité 8 années se sont passées. Le ministère de l'Agriculture en 1999 avait alors émis une interdiction provisoire de son utilisation, ce qui bien entendu n'a pas arrêté soudainement son application comme tout produit qui vient à être interdit. Plus tôt, dans les années 80, est apparu un acarien venu d'Asie qui s'appelle le Varroa destructor, qui lui aussi comme son nom l'indique, est un destructeur de colonie, contrairement au Gaucho, ce parasite agit encore aujourd'hui et se trouve être le principal ennemi des

Agriculture

abeilles. Dans les derniers prédateurs de l'abeille, il reste le frelon asiatique arrivé en France dans les années 2004. Lui se nourrit des abeilles domestiques qu'il attrape en plein vol et représente aussi une très grande menace pour les colonies. Le point commun de ces trois prédateurs, c'est la présence de l'homme , de sa vision moderne de l'agriculture et de l'alimentation à grande échelle. D'une part le Gaucho a été utilisé massivement par l'homme qui a créé des superstructures de tournesols auxquelles l'aide chimique rentrait dans la logique de ce gigantisme, d'autre part autant le varroa que le frelon asiatique sont arrivés en Europe par des échanges massifs de produits alimentaires venant du monde entier, par ce que l'homme a créé pour pouvoir assurer ces transports de masses (les avions et les supertankers). Ces productions et échanges sont les fruits d'un système technicien qui utilise la technologie moderne pour assurer la rentabilité, le transport mais avant tout dans un but de profit. Ce constat, nous permet de nous poser certaines questions. Doit-on continuer sur ce modèle au risque de voir apparaître de nouveaux parasites et prédateurs inconnus dans notre pays ? Doit-on tout stopper et recommencer autre chose ? Et dans ce cas doit-on revenir à un ancien modèle ? Ou doit-on adapter notre utilisation de la technique ? Les questions restent toujours les mêmes parce que les conséquences sont souvent

Agriculture

semblables, tant que nous n'aurons pas fait une analyse critique, nous en serons au même point.

Les conséquences de la technique moderne n'épargnent rien ni personne, comme nous avons pu le voir depuis le début de ce traité. Les abeilles font aussi partie des victimes de cette utilisation démesurée de la technique, que cela soit au niveau des outils comme les produits chimiques dont on se sert dans l'agriculture, mais aussi ne devrions-nous pas nous poser la question des méthodes quasi industrielle pour produire du miel ? Le modèle apicole actuel n'est-il pas délétère autant pour les apiculteurs qui sont dans une démarche de rendement, que pour les abeilles qui sont encore plus exposées à des pollutions, des prédateurs et des maladies, quand pour assurer ce rendement elles sont engagées dans un système de roulement de lieux en fonction des saisons. La question reste ouverte et nous devons peut-être regarder quelques siècles plus tôt et voir comment l'apiculture fonctionnait à ces époques. Sans vouloir mettre la faute sur les apiculteurs, qui sont sans doute ceux qui connaissent le mieux l'état de la nature, qui ont la plupart du temps un amour fou pour leurs colonies, qui connaissent donc plus l'état de la pollution industrielle menaçant leur métier et leurs petites protégées. Les apiculteurs vivent souvent dans une double contrainte entre protéger leurs abeilles et devoir obtenir des résultats pour assurer un salaire, ce qui implique de booster les abeilles, d'augmenter artificiellement les ruches et donc d'aller en quelque sorte contre le cycle naturel et malgré tous ces efforts quand les colonies viennent à être décimés c'est une catastrophe économique et psychologique pour eux.

La production de miel, n'est qu'une conséquence du travail des abeilles, puisque leur fonction principale est la pollinisation des végétaux, ceci contribuant à un équilibre dans un terroir spécifique. Il est nécessaire de savoir que 75 à 85 % des végétaux en Europe sont pollinisés par les abeilles et autres pollinisateurs et que ces végétaux assurent notre survie et celle d'autres espèces. Chaque pollinisateur a sa particularité, parce que chacun à une langue différente et va permettre à des plantes spécifiques de survivre. Si le pollinisateur disparaît, la plante disparaît et inversement. En l'espace de trente ans, nous sommes passés de 5 % de disparition chez les abeilles à 30 % actuellement.

Les abeilles sont des espèces pollinisatrices, au même titre que d'autres insectes comme les papillons, les mites, les moustiques, les mouches, les petits animaux comme les écureuils, les rongeurs, les oiseaux, etc. Les humains aussi

Agriculture

sont des pollinisateurs mais cela reste minime comparé à ce que les abeilles accomplissent pour obtenir le résultat que nous connaissons dans la nature.

L'agriculture évolue et obéit aux contraintes qui sont imposés par les instances européennes, nationale, mais aussi par les contraintes du marché. Les contraintes législatives obligent l'agriculteur a adopté des règles de semence et de produits mais de plus en plus souvent il est décidé de quel végétal sera autorisé ou pas, un peu comme nous l'avons vu pour les graines en production industrielle. Nous avons pu voir que des aides financières ont été proposées en fonction des plantes. Récemment, il a été proposé de supprimer la lavande et le romarin, bien entendu ce n'est pas une extinction de ces plantes qui est demandé mais la fin de leur exploitation agricole qui, pendant des siècles a servi autant pour la phytothérapie que pour la parfumerie. Nous pouvons d'un côté regretter la cessation de cette filière tout d'abord parce qu'elle représentait un véritable parc à nourriture pour les abeilles, parce qu'elle permettait de faire vivre des agriculteurs mais surtout parce que la raison de cet arrêt relève d'une idéologie technicienne qui prétend que ces plantes sont toxiques et qu'elles peuvent très bien être remplacées par la chimie... C'est là que réside un paradoxe, car d'un côté

Agriculture

nous réjouir que les exploitations qui au fil des siècles ont prospéré de façon démesurée pour une monoculture qui pouvaient représenter un danger pour les sols mais aussi pour les plantes qui se faisaient attaquer par des parasites, mais d'un autre côté nous désoler que le choix se porte sur la chimie et la synthèse qui vont l'emporter sur des principes actifs naturels. Mais aussi la disparition de produits comme le miel de lavande ou autre dérivés qui vont soit devenir rare et donc très cher, soit devenir illégaux puisque la substance et requalifier comme toxique même si ce miel est obtenu avec les plantes présentent en forêt. Voici un exemple parmi d'autres de réévaluation au profit de l'industrie et du Progrès, la nature est chassée par une idéologie technicienne, je dis bien une, car il serait trop simple de réduire la technique à quelques idéologues.

Agriculture

Agriculture

4.4 Réflexion sur la permaculture et l'agriculture naturelle

Si nous nous référons à une lecture actuelle des choses, le modèle agricole de demain semble à première vue tout tracé, celui d'une technique et d'une science toujours plus présente, pour davantage de production et d'efficacité en terme de résultat. Seulement voilà, nous avons pu tout au long de la première partie de ce chapitre, énumérer les constats de ce que cette alliance techno-scientifique peut apporter et peut aussi engendrer comme problèmes. La question reste de savoir si le sacrifice que cela représente pour l'environnement est acceptable. Et nous serions dans une vision quelque peu égoïste des choses, puisque nous laisserions un modèle déjà à bout de souffle aux générations qui viennent, en espérant que ces générations resteront dans cette idéologie et trouveront des solutions techno-scientifique pour survivre. Ou bien, ce sacrifice n'est pas acceptable, parce que nous avons procédé à une analyse critique qui nous à permis de reconnaître les erreurs passées et actuelles liées à cette idéologie et nous devrions alors envisager des solutions alternatives.

Bien entendu, pour ne pas répéter les mêmes erreurs en miroir, alternative ne veut en aucun cas dire en substitution au modèle actuel, mais plutôt en complément. Le but n'est pas de rentrer dans une négation de la technique et de la science mais de redonner à la technique et à la science leur sens initial, celui d'être une aide temporaire pour réaliser une tâche et justement pas une substitution définitive à la nature. Les alternatives peuvent bien entendu s'inspirer et profiter des progrès, comme elles peuvent aussi très bien prendre le parti de ne pas utiliser ces techniques et sciences moderne pour favoriser des plus anciennes. C'est le cas de l'agriculture biologique, comme c'est aussi le cas de la permaculture ou de l'agriculture naturelle.

Le monde peut sembler binaire, « on applique où on applique pas » telle ou telle méthode au niveau d'un territoire ou d'un pays, mais en vérité, il n'en est rien. La politique et surtout ceux qui la font, n'ont aucune connaissance des aspects et des formes techniques ou scientifiques, pour certains ils en ont une idée, pour

Agriculture

d'autres une connaissance un peu plus poussée, mais pour la grande majorité ils sont dans l'ignorance la plus totale. Nous ne pouvons pas leur en vouloir, il existe des tonnes de sujets sur lesquels nous n'avons aucune compétence et que nous sommes bien obligés d'aborder parfois. Le politique, lui, a fait ce choix de devenir responsable de choix et d'actes dont il n'a aucune maîtrise technique, pour cela il se fit à l'expertise et à l'efficacité des personnes qu'on lui présente pour prendre ces choix. Si demain, la permaculture avait un représentant suffisamment influent pour être écouté par des personnalités politique, il est très probable que des mesures dans ce sens puissent être prises sur un territoire. La difficulté, c'est le temps que la méthode va avoir pour être efficace. En effet, la donnée la plus importante pour un politicien moderne, c'est que ses choix puissent être mesurables immédiatement ou dans un temps très court. C'est pourquoi, nous n'avons pas de plan national pour le développement de la permaculture ou de l'agriculture naturelle. Celles-ci prenant des années pour montrer toute l'étendue de la richesse qu'elles peuvent apporter, le temps politique est trop court pour pouvoir marquer les esprits. Nous devons bien comprendre qu'un politicien moderne pense bien souvent plus à son bilan pour sa réélection ou re-nomination plutôt que de penser sur un temps long voire très long, c'est-à-dire au-delà de sa vie politique et même de sa propre vie.

« La sagesse d'une société est de vouloir planter des oliviers dont elle ne connaîtra jamais l'ombre du feuillage »

Ricky Gervais

Maintenant que nous connaissons les intentions de la plupart des politiciens, il est nécessaire de sortir de cette forme d'infantilisation que les médias et les politiciens exercent à longueur de temps sur les peuples, cette omniprésence, cette illusion d'omniscience que l'on cherche à nous imposer par des experts choisis pour maintenir les populations dans une attente de solution de leur part. Les politiciens et médias souhaitent se rendre indispensables à nos vies et à nos prises de décisions, mais nous sommes parfaitement capables d'auto détermination et de discernement. Une société se fonde et peut progresser par ceux qui la composent et la font vivre et jusqu'à preuve du contraire les politiciens, les médias et les experts en tout genre ne représentent qu'une infime minorité de ces sociétés. Si demain nous souhaitons un modèle agricole différent, ce n'est pas à une minorité de décider ou de dicter

Agriculture

les directives à prendre. Une société d'individus ne vit pas dans un temps politique mais dans un temps éternel, puisque l'humain pense à celui qui le succédera et c'est dans ce sens qu'une société peut survivre, même si les politiciens et les médias font tout pour l'oublier ou le faire oublier.

« Il est dangereux pour un peuple de compter dans son sein trop de vanités individuelles et pas assez d'orgueils collectifs »

Gustave Le Bon

Ce temps éternel nous permet de mettre en place des actions dès aujourd'hui dont nous ne verrons certainement jamais les fruits. Si nous détruisons les sols en construisant toujours plus, en éradiquant toute vie microbienne en utilisant des chimies certes très efficaces pour l'instant présent mais dont l'efficacité présente aura des conséquences désastreuses pour toujours. Comment peut-on être dans ce temps éternel ? Nous savons que la préservation des sols est ce qui va permettre de nourrir nos générations mais aussi celles qui viendront, cela permettra de préserver un cycle naturel de l'eau, sans avoir à passer par des subterfuges techniques qui vont créer des nuages comme c'est déjà le cas, d'avoir une flore et une faune dont

Agriculture

nous avons besoin pour un écosystème équilibré. Nous ne pouvons pas prendre le risque de détruire tous ces équilibres juste pour entretenir des besoins présents sans penser aux besoins futurs.

La permaculture a, depuis quelques années, trouvé un essor dans les mentalités. Comme tout concept nouveau dans l'esprit des gens, la permaculture n'échappe pas d'être mise à toutes les sauces. Bien souvent, on peut trouver des articles ou des documents qui parlent de permaculture er c'est un bon début, car cela permet à de plus en plus de monde d'être sensibilisé à ce modèle agricole. La permaculture est née en Australie par des visionnaires et scientifiques nommés Bill Mollison et David Holmgren. Mollison et Holmgren sont partis du même constat que nous pouvons dresser aujourd'hui, c'est-à-dire l'appauvrissement des sols, la pollution des eaux, la disparition de la biodiversité par les méthodes agro-industrielles, qui ont détruit de nombreux espaces de terres fertiles. L'idée était de rendre l'agriculture plus naturelle en misant sur la permanence végétale – d'où le terme permaculture – en évitant toute utilisation de produits chimiques, en créant un système de zonage pour que l'expérience puisse rentrer dans la logique de permanence et

Agriculture

du travail humain. Le but de la permaculture se veut philosophique mais aussi scientifique dans le sens où le fait que les sols, l'eau, la biodiversité puissent être préservés pour la survie de celui qui cultive mais aussi pour les générations futures. La permaculture s'inscrit dans une démarche d'autosuffisance, par le fait de pouvoir subvenir à ses besoins par un système de culture permanente, mais aussi le stockage et la production d'énergie, par une philosophie plus en harmonie avec la nature en intégrant que chaque élément, insectes, plante, etc. a une fonction. Le concept ne s'est pas arrêté à l'agriculture, puisqu'il a été étendu à une application plus sociale qui est celle de l'entraide. Aider et prendre soin de la nature, aider et prendre soin de l'humain, limiter sa consommation et partager les surplus et ce concept.

En parallèle nous trouvons l'agriculture naturelle, qui s'inscrit elle aussi dans cette démarche. L'agriculture naturelle a été développée par Masanobu Fukuoka un agriculteur et scientifique Japonais, à peu près à la même période que la permaculture, les fondateurs ont mêmes fait des conférences communes à cette époque. Fukuoka est parti du même constat que la permaculture, en dénonçant ce dont les techniques de l'industrie agricole causent sur les sols et la biodiversité. Il a remis en question le fait de labourer les sols sur des profondeurs pouvant aller de 15 à 20 cm en fonction des pays, qui selon lui, serait en grande partie la cause de l'appauvrissement voire la mort des sols. Mais aussi la déforestation et l'utilisation d'animaux pour pâturer qui ferait avancer les déserts. Fukuoka militait pour un réensemencement massif et pour la philosophie du « laisser-faire ». Le concept de Fukuoka était plus simple, plus direct que celui de Mollison et Holmgren. Il ne cherchait pas forcément un modèle d'autosuffisance comme dans la permaculture, le but était de faire en sorte que les sols puissent se re-fertiliser par l'apport de graines ceci pour une re-végétalisation, pour que chaque personne puisse développer l'agriculture naturelle par l'attribution de terre par famille. Avec une action, la plus minime de l'humain, que cela soit pour l'amendement ou l'apport en eau, que le cycle de certaines variétés de plantes et de combinaison de plantes choisies fassent le travail sur les sols à la place de l'action humaine. Selon lui l'agriculture naturelle donnait des résultats extraordinaires sur la qualité des fruits et les légumes regrettant à l'époque que ceux qui s'intéressaient à l'agriculture naturelle n'étaient que ceux qui connaissaient des soucis de santé et qui avaient besoin de trouver une alimentation riche en nutriments.

Agriculture

Ces deux visions sensiblement différentes mais ayant le même but, nous apprennent qu'une alternative existe, qu'elle est accessible à tous, possible et efficace. La seule particularité c'est qu'elles demandent un investissement long, elles ne rentrent pas dans le système technique moderne de la rapidité, de l'immédiateté. Depuis le début de ce chapitre la question est de savoir quelle agriculture pour demain ? Nous venons ici d'aborder deux alternatives qui rentrent dans le respect du vivant, mais il en existe bien d'autres. Construire son mode de vie par l'autosuffisance demande du temps, un manque de confort certains, des frustrations nombreuses, de l'introspection, tout ce qui nous aide à utiliser notre cerveau différemment qui peut forger notre esprit mais aussi notre corps, tout ce que l'utilisation de la technologie moderne et son modèle d'utilisation nous détourne d'un sens qui correspondrait davantage à l'évolution humaine. La technologie moderne nous fait gagner du temps, mais que fait-on de ce temps disponible ? La technologie moderne nous éloigne de cette construction physique et mentale qui a pourtant été l'articulation de l'humanité depuis des siècles. Je ne dis pas non plus qu'elle ne permet aucune construction psychique ou physique mais c'est un chemin différent. Là où le corps se musclait par le travail de la terre, il se muscle aujourd'hui par la machine truffée d'électronique pour savoir quel

Agriculture

muscle on développe. Là où nous prenions le temps d'apprendre, de développer notre raisonnement par l'observation, la recherche et l'expérience, nous sommes aujourd'hui facilités par l'objet technologique qui va nous soustraire au calcul mental, à la recherche d'informations ou même aux contacts humains. Tout se fait à travers des écrans avec l'argument que nous gagnons du temps pour apprendre davantage, mais est-ce vraiment nécessaire ? Nous pensons peut-être à tort que plus nous avons accès à des connaissances plus nous nous rapprochons de la vérité, mais ne s'éloigne-t-on pas de la vérité quand le réel est remplacé par le virtuel ? L'agriculture n'est pas un mensonge numérique, il n'y a rien de plus concret, rien de plus collé au réel que de toucher la terre, les végétaux, les animaux, que de voir une graine que nous avons semé grandir et donner une plante, puis des fruits et des légumes. Il n'y a rien de plus réel que de s'occuper des animaux, de leur construire un abri, un espace, de les voir naître, de les nourrir, de les voir vivre et mourir. Tout cela, le monde virtuel ne peut pas l'offrir, tout ce qui touche à ce réel nous construit intérieurement et peut-être sommes-nous plus proches de la vérité ou d'une forme de vérité dans cette voie-là plutôt que dans celle de la technique moderne.

Agriculture

Nous pouvons encore, nous cacher longtemps derrière nos écrans à s'indigner des désastres écologiques et climatiques que la technique moderne cause, en particulier pour ceux qui en font un combat politique. Ceux-là parlent souvent de choses qu'ils ne connaissent pas, n'ont qu'une connaissance théorique des solutions qu'ils proposent sans jamais les avoir mis en application de leur vie. La vraie politique c'est celle qui passe à l'action et c'est celle de l'implication de ceux qui préconisent les solutions. Dans l'état actuel des choses, nous assistons à un spectacle dont les acteurs politiques ont une parfaite connaissance des solutions, mais savent que celles-ci demandent tellement d'effort et d'inconfort qu'elles les rendraient impopulaires. Ils préfèrent alors les solutions de facilité, celles avec lesquelles les résultats sont immédiats, celles avec lesquelles les efforts sont minimes et le confort conservé voire augmenté, celles qui les assurent d'avoir une popularité parce que les solutions ont été efficaces immédiatement et qui leur permettront de rester au pouvoir. Seulement comme nous sommes en train de juger les erreurs du passé, les générations futures nous jugeront et peut-être plus sévèrement parce que nous sommes à une époque où nous avons la connaissance.

Agriculture

La permaculture et l'agriculture naturelle, peuvent permettre à l'humanité dans un premier temps de répondre aux ressources alimentaires de chacun et dans un deuxième temps de sauver le milieu dans lequel nous évoluons. La technologie moderne n'est pas totalement à rejeter. Une simple redéfinition de son utilisation dans un cadre éthique, auquel nous devons nous tenir, pourrait permettre de vivre autant avec les techniques anciennes que modernes. Tout se joue à un niveau idéologique, pour l'instant celle qui domine est celle de l'ordre technique et scientifique, mais si nous souhaitons avoir concrètement des résultats, nous devons viser beaucoup plus loin qu'une échéance politicienne. Il est nécessaire mettre la nature en place principale de nos priorités, car il en va de notre survie et celle de ceux qui nous succéderont.

Agriculture

4.5 Réflexion sur la souveraineté alimentaire

Parler de souveraineté demande de mettre en relief le fait que celle-ci présente un défaut quand on souhaite la défendre ou l'acquérir. En relief, nous pouvons poser le constat que les états sont de moins en moins indépendants en termes d'alimentation. Cela nous l'avons déjà abordé, c'est le résultat d'un choix idéologique mais aussi celle d'une loi économique. Le fait que des inégalités puissent persister à travers le monde, encourage à une production dans les pays pauvres, ce qui alimente non pas un marché concurrentiel, mais belle et bien les inégalités. Comment expliquer sinon que nous préférons produire et consommer des haricots verts provenant du Kenya, plutôt que de nos campagnes françaises ? Certes cela donne du travail au paysan Kényan, mais cela le retire au paysan français, c'est un peu comme déshabillé Paul pour habiller Jacques. Je tiens à préciser que mon but n'est pas de désavantager l'un pour avantager l'autre, je reconnais

Agriculture

parfaitement que le paysan Kényan ait besoin de ce travail pour vivre, je souhaiterais que chacun puisse être gagnant dans cette histoire. Que le paysan Kényan puisse continuer à produire ses haricots pour le marché kényan et que le paysan Français puisse lui aussi produire pour son pays. A cela, certains diront, qu'en est-il de la disponibilité des produits ? Si les paysans Français sont assurés d'avoir le marché français c'est déjà une belle victoire, maintenant si la disponibilité c'est avoir des produits hors saison, là il me semble que cela relève d'un problème d'éducation alimentaire. Pourquoi souhaitons-nous avoir n'importe quel produit à n'importe quelle saison ? Premièrement parce que la technique le permet, beaucoup se diront que si c'est possible pourquoi s'en priver vu que la technique a été développée pour cela. Nous voilà donc devant une solution de facilité, qui nous maintient dans une position de pouvoir sur la nature et les saisons. Aucun effort, aucune frustration, nous sommes dans une logique de « je veux, j'ai ». Deuxièmement parce que le supermarché nourrit la paresse intellectuelle, même si la provenance du produit est indiqué, le lien avec la saisonnalité, les conséquences économiques et écologiques via le transport sont compléments noyés par le fait que le produit soit là, bien achalandé et disponible pour assouvir un désir.

Agriculture

La facilité de trouver immédiatement les produits que l'on désire, entretien une forme d'oisiveté, qui au fil du temps nous éloigne de la nécessité d'une souveraineté alimentaire. Pourtant, les signaux ne sont plus faibles, pour nous alerter de la fragilité de ce système, que cela soit à travers une pandémie, une guerre ou parfois même un simple cargo bloqué sur le canal de Suez. Les mécaniques de distribution et de production peuvent s'arrêter du jour au lendemain. En ne défendant pas un modèle agricole souverain, nous nous exposons à des pénuries, nous nous exposons aussi à une dépendance économique qui va faire que les produits deviendront inaccessibles tant leur coût de transport ou de production subira une inflation ce qui est déjà le cas depuis plusieurs années, sans compter l'aspect spéculatif que le manque crée automatiquement. Enfin nous nous exposons à des risques sanitaires, car qui dit manque de souveraineté dit aussi dépendance aux règles sanitaires des autres pays qui fournissent les produits.

Nous avons tendance à attendre que les gouvernements et législateurs prennent conscience de cette nécessité à la souveraineté, mais rien ne peut se faire sans que les peuples en prennent d'abord conscience. Nous donnons peut-être trop de pouvoir ou trop d'intelligence aux dirigeants politiques, alors que si nous prenons tous individuellement conscience que sans un réel effort individuel puis collectif ce type d'objectif ne peut pas aboutir. Cela demande un certain courage politique que de mettre en place un réel plan de souveraineté alimentaire, comme cela demande du courage de mettre en avant les alternatives aux techniques modernes que sont la permaculture et l'agriculture naturelle, seulement ces alternatives sont et rendent impopulaires. En France le projet France 2030, présente la souveraineté comme une affaire européenne, comme si l'Europe était la solution à tous les problèmes que les pays membres pouvaient rencontrer. Seulement nous avons vu que lorsque nous sommes dans une situation d'urgence, chacun pense à son pays, à son peuple et pas du tout à ses voisins. Nous le voyons encore en terme économique, si la monnaie commune s'effondre nous ne donnerons pas cher de cette union européenne.

Nous pouvons faire bien souvent le constat que les problèmes que nos sociétés rencontrent s'accumulent et perdurent pour la simple raison que nous restons, certainement par la force des médias mais aussi des politiques, sur la forme et pas sur le fond. Sur la forme, on nous présente des bouc-émissaires, tout est fait pour amener le peuple à ne pas se poser les vraies questions, le

Agriculture

but étant qu'il faut maintenir le système coûte que coûte ! Malheureusement la question de fond qui est celle de « pourquoi ces problèmes s'accumulent, perdurent et s'amplifient ? » n'est jamais abordée. Elle n'est jamais abordée, car elle remettrait en question l'ensemble du système, qui est bel et bien le système technicien. Peu importe que l'on sache qu'une pandémie soit issue d'une erreur de labo ou d'une forme naturelle, ce qui importe de savoir c'est pourquoi et comment cette pandémie a pu avoir lieu ? Que cela provienne d'un problème de labo ou d'une forme naturelle (ce qui semble de plus en plus ne pas être le cas), sa propagation est due au système technique dans lequel nous vivons. La responsabilité de X ou Y est déjà noyée dans ce système puisque tout y est fait pour éliminer la responsabilité. Ce qui est inquiétant c'est le souhait de ne jamais remettre en question ce système et au contraire de n'avoir comme réponse que ce système, car aujourd'hui comme hier, l'enjeu est la vie sur cette planète. Les techniciens ont même trouvé une solution pour cela : « comme cette planète n'est plus viable, autant allé en coloniser une autre... Mars par exemple ! » La belle affaire ! Si le modèle reste le même le destin des futurs « Marsiens » risque d'être le même voir pire que celui des Terriens... Nous l'avons vu tout au long de ce traité, les solutions alternatives existent, seulement cela relève de volontés personnelles et collectives que de remettre en question le système que nous avons adopté depuis plus d'un siècle, cela demande de fournir un effort que la plupart d'entre nous n'ont pas ou plus envie de fournir, cela demande d'ouvrir les yeux sur le choix politique qu'on nous propose. Aucun candidat à la présidence d'un état ne nous proposera cet effort, chacun d'entre eux, quelle que soit leur place sur l'échiquier politique, croient en ce système technique et souhaitent coûte que coûte le maintenir. La seule porte de sortie reste l'action citoyenne, ce n'est que par un éveil collectif sur les enjeux de fond, sur la dominance de ce système technique et sur les conséquences toujours plus désastreuses, que les choses peuvent changer. Sans une action individuelle puis collective dans ce sens, nous ne pouvons que voir mourir ce qui nous entoure.

L'agriculture n'est pas le fait d'un homme ou d'une femme au pouvoir, elle n'est pas plus le fait des agriculteurs, des techniciens ou des scientifiques. C'est elle qui nous permet de survivre par les aliments que nous consommons au minimum 3 fois par jour, elle représente ce que nous devons sauvegarder pour notre disponibilité en air et en eau. Voilà pourquoi ce sujet est capital pour chacun d'entre nous. La souveraineté alimentaire passe par une implication, par une réflexion et par des actions personnelles. Il est grand temps de ne plus se laisser endormir par le bluff technologique très prometteur sur le papier mais peu efficace dans l'utilisation dévoyée qui en est faite.

Conclusion

Conclusion

Pour revenir sur une des premières questions que nous nous posions au début de ce traité, qui est de savoir si nous pouvons trouver un juste milieu, au sens aristotélique, à l'utilisation de la technique, voici ce que nous pouvons en conclure.

Nous avons pu voir que la réponse serait affirmative à partir du moment où nous émettons une analyse et une critique de la technique et de notre utilisation. Émettre une analyse et une critique ne veut en aucun cas dire que nous nous positionnons en technophobe, comme trouver des avantages à travers ce travail analytique ne veut pas pour autant dire que nous voilà technophiles. Je pense qu'il est nécessaire de sortir de cette binarité, de ce système d'étiquetage trop souvent utilisé par les médias et les politiques pour nommer une source d'indignation ou d'adhésion. Voilà peut-être la difficulté de l'application de cette analyse et de cette critique qui réside dans ce raccourci mental, qui je pense, est l'une des causes qui tuent notre société, car malheureusement, il se duplique à tous les domaines et à tous les sujets de notre vie. Ce système d'étiquetage ne fait qu'enfermer les gens dans un système de pensée qui leur empêche toute analyse ou critique ! Or, c'est ce que nous préconisons pour avoir un champ plus large de pensée et pour rester libre.

Conclusion

Sans vouloir faire ici le procès des médias, je dois dire que leur omniprésence aujourd'hui s'est intensifiée. Si nous prenons à titre comparatif leur présence dans les années 80 par exemple, que cela soit sur ordinateur, sur télévision ou sur smartphones à travers les réseaux sociaux, difficile d'échapper à leur influence. Pour autant, les voilà placés en modeleur de conscience, livrant analyses et critiques prémâchées et digérées au grand public qui y voit là une occasion de ne plus se poser de question ou de ne pas « se casser la tête » pour parler plus trivialement. Nous devons reconnaître que si une facilité se présente à l'humain, il est quasi certain qu'il la saisira, c'est instinctif et nous pouvons pour sûr déduire que les médias connaissent cette règle et en usent.

Quand nous connaissons aujourd'hui le pouvoir que peut représenter les médias par cette influence, les industriels et autres hommes et femmes d'affaires ont tout intérêt à en devenir propriétaires. Tout d'abord pour faire taire toute critique à leur encontre, c'est ce qui s'est passé après la crise financière de 2008 quand les banques ont commencé à devenir les actionnaires majoritaires de certains médias. Mais aussi et surtout pour choisir l'information ou plutôt la ligne éditoriale à travers une pensée à mettre en avant, voir même en domination, pour servir l'intérêt des actionnaires et faire en sorte que le business puisse

Conclusion

continuer sans trop de scandale. Nous voilà donc avec des marques, des actions industrielles intouchables, car elles ne sont jamais abordées ou, quand elles le sont, c'est toujours sous les meilleurs auspices. C'est ainsi que l'exploitation d'enfants à l'autre bout du monde pour construire l'objet technique est très souvent minoré pour vanter les mérites et la facilité de vie qu'il va apporter au consommateur. Ce que nous ne tolérerions pas dans nos pays d'occidents devient alors tout à fait « acceptable » pour que le Progrès puisse continuer.

Émettre une analyse et une critique représente un danger, car c'est remettre en question ce système, ce que ces milliardaires cherchent à tout prix à éviter. Les médias qui sont leur chambre d'écho, ne font plus un travail journalistique mais plutôt celui de lobbyiste du système technicien et de sa protection. Cela pourrait s'arrêter là, mais mieux vaut asseoir cette position dominante et avoir les candidats politiques adéquats pour que ce système puisse fonctionner. Nous retrouvons donc, assez logiquement, ces mêmes milliardaires comme soutien financiers des hommes et femmes politiques, qui vont mettre leur « poulain » en « Une » des médias qui leur appartiennent. Dans cette histoire, le public, d'une manière ou d'une autre, est influencé pour choisir entre ces

Conclusion

seuls candidats, peu importe leur place sur l'échiquier politique, peu importe leurs promesses et discours si les médias les proposent à leur antenne ou a leur Une, qu'ils soient aimés ou pas des journalistes, ils ne nuiront jamais à ce système. Les candidats politiques sont en quelque sorte considérés comme des investissements par ces milliardaires, ils ne les financent pas par conviction, mais parce que ces hommes et femmes politique adhèrent au système technicien.

Devant toutes ces influences, sommes-nous encore capables de penser pas nous-mêmes ? Voilà une question kantienne, qui selon moi, peut avoir une réponse affirmative. L'analyse et la critique sont déjà la résultante d'un travail fait sur soi-même qui permet une liberté de penser. Kant disait que penser par soi-même c'était « d'être capable de se servir de son entendement sans la conduite d'un autre ». Même si les médias sont très influents, que nous baignons dans un océan d'informations, de manipulation et d'utilisation néfaste de psychologie sociale, le travail sur soi-même est toujours possible. Nous devons pour cela nous souvenir d'une chose, nous sommes des individus, c'est-à-dire au sens étymologique, indivisible de corps mais aussi et surtout d'esprit. L'influence cherche par tous les moyens à séparer, diviser l'esprit pour s'imposer comme une source

Conclusion

de vérité. Si nous suivons l'avis des autres c'est que nous ne sommes pas au clair avec nous-mêmes, que nous n'avons déjà pas une réflexion sur nous-mêmes, mais aussi une conscience de soi-même. À ce stade nous ne sommes plus très loin de la pathologie mentale, plus très loin de la schizophrénie étymologiquement « esprit coupé ». Or, cette influence peut cesser quand nous décidons de la faire taire, en évitant toutes sources de médias, mais reconnaissons tout de même que cela serait là vivre comme un ermite. Nous pouvons aussi prendre conscience de cette source comme étant une influence et la remettre en question sur sa légitimité par exemple, sur les moyens qui sont employés pour que cette influence arrive jusqu'à nous, la répétition, le ton utilisé, les images choisies. C'est d'abord un travail d'observation extérieure, mais c'est aussi un travail d'observation intérieur. Comment cela agit-il sur nous ? Quel sentiment ou quelle émotion cela suscite-t-il et pourquoi ? Est-ce que cet avis, cette influence va remettre en question notre identité, notre individualité ? À partir de là, un travail plus large peut se mettre en place pour une analyse et une critique globale. La réponse est donc, oui nous pouvons penser par nous-mêmes et cela demande une introspection.

Conclusion

L'influence que nous venons d'aborder voudrait que nous ayons un avis tranché sur la technique et sur l'utilisation que nous en faisons. Comme nous l'avons développé nous pouvons devenir ou rester des êtres libres de penser et avoir une approche plus complexe que la binarité qui cherche à s'imposer. La technique n'a pas d'intention, c'est l'humain qui en donne une par l'utilisation qu'il va en faire, elle n'est donc ni bonne, ni mauvaise. Porter tous ses espoirs et vivre dans un quasi-culte de celle-ci, relève d'un trouble psychologique, tout autant que celui qui rejettera en bloc les avantages et l'aide que peut lui apporter la technique. Trouver un juste milieu est possible, j'ai longtemps cru que je devais le nommer, mais cela serait encore là mettre une étiquette et donner une norme d'un juste milieu qui je pense, peut être très personnel et propre à chacun d'entre nous.

Bibliographie

Aristote – *Éthique à Nicomaque*
Aurèle Marc – *Pensée pour moi-même*
Bachelard Gaston – *Psychanalyse du feu*
De la Boétie Étienne – *Discours de la servitude volontaire*
Del Vasto Lanza – *Le pèlerinage aux sources*
Duby Georges – *Histoire de la France rurale*
Ellul Jacques – *La technique ou l'enjeu du siècle*
Fukuoka Masanobu – *La voie du retour à la naturelle*
Fukuoka Masanobu – *La révolution d'un seul brin de paille*
Heidegger Martin – *Être et temps*
Illich Ivan – *Nemesis médicale*
Jung Carl Gustav – *L'âme et la vie*
Le Bon Gustave – *Les incertitudes de l'heure présente*
Platon – *Protagoras*
Platon – *La république*
Rabhi Pierre – *La part du Colibri*
Rabhi Pierre – *Vers la sobriété heureuse*
Sfez Lucien – *Critique de la santé parfaite*

Du même auteur

Rééquilibrage alimentaire – Se connaître pour philosopher son alimentation
Édition G.P
2021